MIX
Papier aus verantwortungsvollen Quellen
Paper from responsible sources
FSC® C105338

Elliot Hofherr

Europäische Sozialpolitik und die Idee der Selbstregulierung

Rechtsgrundlagen, Potentiale und Grenzen eines europäischen Politikfeldes

Diplomica Verlag GmbH

Hofherr, Elliot: Europäische Sozialpolitik und die Idee der Selbstregulierung: Rechtsgrundlagen, Potentiale und Grenzen eines europäischen Politikfeldes, Hamburg, Diplomica Verlag GmbH 2013

Buch-ISBN: 978-3-8428-9607-9
PDF-eBook-ISBN: 978-3-8428-4607-4
Druck/Herstellung: Diplomica® Verlag GmbH, Hamburg, 2013

Bibliografische Information der Deutschen Nationalbibliothek:
Die Deutsche Nationalbibliothek verzeichnet diese Publikation in der Deutschen Nationalbibliografie; detaillierte bibliografische Daten sind im Internet über http://dnb.d-nb.de abrufbar.

Hermannstal 119k, 22119 Hamburg
http://www.diplomica-verlag.de, Hamburg 2013
Printed in Germany

Inhaltsverzeichnis

I. Einführung

Seit Inkrafttreten des Vertrags von Lissabon (1. Dezember 2009) ist die Europäische Union in ihrem Handeln verpflichtet, auf „eine in hohem Maße wettbewerbsfähige soziale Marktwirtschaft, die auf Vollbeschäftigung und sozialen Fortschritt abzielt", hinzuwirken (Art. 3 Abs. 3 S. 2 EUV). Erstmals wurde damit der Begriff und das Konzept der „sozialen Marktwirtschaft" normativer Bestandteil des Europarechts[1].
Die Konzeption der „sozialen Marktwirtschaft" steht für eine Wirtschafts- und Gesellschaftsordnung, die einerseits Marktfreiheit, Wettbewerb, Privatautonomie und Privateigentum in den Mittelpunkt stellt, andererseits aber - infolge von Marktunvollkommenheiten bzw. Marktversagen - die Wichtigkeit von sozialem Schutz und sozialem Ausgleich für den wirtschaftlichen und gesellschaftlichen Fortschritt betont[2]. Für die Europäische Union impliziert dies, dass sie in ihrem Handeln nicht nur ökonomischen, sondern auch sozialen Zielen verpflichtet ist, was in einer Reihe sozialer Zielbestimmung im Lissabon-Vertrag auch zum Ausdruck kommt[3].
Aber nicht erst seit dem Vertrag von Lissabon sind auf europäischer Ebene soziale Zielsetzungen von Bedeutung. Auch die von der Europäischen Union im Jahr 2000 beschlossene „Lissabon-Strategie" war durch eine „integrierte Agenda der Wirtschafts- und Sozialpolitik" gekennzeichnet[4]. Neben wirtschaftlichen Aspekten standen insbesondere Themen wie Ausbildung, Beschäftigungsfähigkeit, Arbeitslosigkeit oder die Modernisierung des Sozialschutzes im Vordergrund[5]. Das Nachfolgeprogramm „Europa 2020" betont ebenfalls ökonomische und soziale Ziele, wie z.B. in der Union im Jahr 2020 eine Beschäftigungsquote von 75 Prozent der 20 bis 64-jährigen Frauen und Männer zu erreichen[6].
In diesem Kontext betont die Union in den letzten Jahren verstärkt die Rolle der Sozialpartner auf europäischer und nationaler Ebene. Dazu wurde eigens 2002 die Mitteilung *„Der europäische soziale Dialog, Determinante für Modernisierung und Wandel"* veröffentlicht, in der die zentrale Rolle der Sozialpartner im Prozess der

---

1 *Schmidt-Preuß* (2011), in: Joost et al., S. 969, 970; Der Terminus „soziale Marktwirtschaft" geht auf den deutschen Ökonomen und Soziologen Alfred Müller-Armack zurück. Ideengeschichtlich sind neben Müller-Armack vor allem die Namen Walter Eucken und Franz Böhm zu nennen. Ludwig Erhard setzte die Konzeption in Westdeutschland politisch um, vgl. *Klump* (2001), in: Schlecht / Stoltenberg, S. 17, 25ff..
2 *Klump* (2001), in: Schlecht / Stoltenberg, S. 17, 18.
3 Vgl. z.B. Art. 3 Abs. 3 EUV, Art 8 - 12 AEUV oder für den Bereich Arbeit und Soziales Art. 151 AEUV.
4 KOM (2002), 341 endg. Tz. 1 S. 8; EU-Rat, 23./24. März 2000, Schlussfolgerungen des Vorsitzes, Rn. 5f..
5 EU-Rat, 23./24. März 2000, Schlussfolgerungen des Vorsitzes, Rn. 24ff..
6 KOM (2010), 2020, Zusammenfassung S. 3.

„Lissabon-Strategie“ herausgestellt wird und diese gleichsam aufgefordert werden, ihr Know-how aus dem Bereich der Arbeitswelt und ihre rechtliche Stellung im EU-Vertrag zur Weiterentwicklung der sozialen Dimension Europas stärker einzubringen bzw. zu nutzen[7]. So heißt es dort zum Beispiel: „Die Verwirklichung der strategischen Ziele von Lissabon - Erreichung der Vollbeschäftigung und Stärkung des sozialen Zusammenhaltes - hängt [..] auf allen Ebenen weitgehend vom Beitrag der Sozialpartner ab“[8]. Auch im Rahmen der Strategie „Europa 2020“ wird die Rolle der Sozialpartner bei der Umsetzung der Zielvorgaben betont[9].

In dieses Umfeld ist auch das im Jahr 2005 von der EU-Kommission veröffentlichte Vorhaben einzuordnen, den europäischen Sozialpartnern einen „optionalen Rahmen für transnationale Kollektivverhandlungen“ auf EU-Ebene bereitzustellen, um damit auf „Unternehmens- oder Branchenebene“ die Handlungsfähigkeit der europäischen Sozialpartner zu stärken[10]. Damit soll den EU-Sozialpartnern ermöglicht werden, transnationale Kollektivvereinbarungen zu schließen, deren Inhalte infolge des Rechtsrahmens europaweite Geltung beanspruchen können. Schon im Jahr 2002 findet sich in der Kommissionsmitteilung *„Der europäische soziale Dialog, Determinante für Modernisierung und Wandel“* eine Aussage, die das Ziel des Vorhabens konkretisierend vorweg nimmt. Da heißt es: „Mittelfristig stellt sich bei der Entwicklung des sozialen Dialoges die Frage nach dem Bestehen von europäischen Tarifverträgen als Rechtsquelle“[11]. Die Kommission hat daher im Jahr 2004 eine Gruppe von Wissenschaftlern unter Leitung des Rechts- und Politikwissenschaftlers *Prof. Edoardo Ales* beauftragt, die Realisierungschancen eines derartigen Vorhabens unter rechtlichen Gesichtspunkten zu prüfen - mit weitgehend positivem Ergebnis, was vielleicht überraschen mag[12]. Insgesamt wäre die Etablierung eines EU-Kollektivvertragsrechts - unabhängig von der ökonomischen Sinnhaftigkeit - ein weiterer Schritt in Richtung „Politische Union“, bei der die bisher nicht oder nur restriktiv vergemeinschafteten Bereiche der Finanz-, Wirtschafts- und Sozialpolitik zu großen Teilen im Kompetenzbereich der Union lägen[13].

---

[7] KOM (2002), 341 endg. Einleitung S. 6f..
[8] KOM (2002), 341 endg. Einleitung S. 6.
[9] KOM (2010), 2020 Tz. 2 S. 20f..
[10] KOM (2005), 33 endg. Tz. 2.1 S. 9.
[11] KOM (2002), 341 endg. Tz. 2.3 S. 21.
[12] *Ales et al.*, Transnational collective bargaining: past, present and future, Final Report, S. 33ff..
[13] Vgl. z.B. *Wilhlem*, FAZ-online, 7.7.2012.

Die bisherigen Ausführungen verdeutlichen, dass die Union schon seit einigen Jahren bemüht ist, die soziale Dimension Europas zu stärken. Ziel der vorliegenden Untersuchung ist es daher, die rechtlichen Möglichkeiten und Grenzen der Europäischen Union für die sozialpolitische Flankierung der Wirtschafts- und Währungsunion herauszuarbeiten. Im Mittelpunkt steht die Frage, welche Rolle dabei der Ebene der europäischen Arbeitsbeziehungen zukommen kann und welche Potentiale und Schranken der Lissabon-Vertrag diesbezüglich bereithält. Von Interesse ist besonders, inwieweit das liberale Konzept der Selbstregulierung im Bereich der EU-Sozialpolitik verankert ist und als Ansatz dienen kann, um sozialpolitisch praktikable und sachgerechte Fortschritte in der Union zu erzielen. Im Zentrum der Untersuchung steht daher neben dem „Sozialen Dialog" vor allem auch die erstmals in der EBR-Richtlinie[14] umgesetzte Konzeption der „Verhandlungslösung". In diesem Kontext wird auch der Frage nachgegangen, ob ein Rechtsrahmen für transnationale Kollektivverhandlungen europarechtlich eine Realisierungschance hat und welche Parallelen zur Konzeption der „Verhandlungslösung" bestehen.

Der Aufbau des Buches gestaltet sich folgendermaßen: Im zweiten Kapitel wird der Stellenwert, der der Sozialpolitik im Laufe der europäischen Integration zukam, herausgearbeitet. Im dritten Kapitel steht die Analyse der sozialpolitischen Kompetenzgrundlagen der Europäischen Union im Vordergrund, um damit die Frage zu beantworten, welche Gestaltungsmöglichkeiten die Union im Bereich der Sozial- und Arbeitspolitik besitzt und welches Gewicht den EU-Sozialpartnern dabei zukommt. Im Mittelpunkt von Kapitel vier steht die Auseinandersetzung mit der Funktionsweise des „Sozialen Dialogs" und dessen Bedeutung für die Weiterentwicklung der sozialen Dimension Europas. Auch die Konzeption der „Verhandlungslösung" wird vorgestellt und deren Potential für die EU-Sozialpolitik eingehend untersucht. Gegenstand von Kapitel fünf ist die Ausgestaltung und Realisierungschance eines unionsweiten Rechtsrahmens für Kollektivverhandlungen auf Basis des Richtlinienentwurfes der Ales-Gruppe. Kapitel sechs schließt mit der Zusammenfassung und Bewertung der gewonnenen Ergebnisse.

14 RL 94/45/EG; Neufassung am 6.5.2009 durch die RL 2009/38/EG, ABl. vom 16.05.2009, L 122/28.

II. Europäische Union und die Frage der sozialen Dimension

Weite Teile des gegenwärtigen Institutionengefüges der Europäischen Union haben ihren Ursprung im inzwischen ausgelaufenen Vertrag der *„Europäischen Gemeinschaft für Kohle und Stahl"* (EGKS), der die Grundlage bildete zur gemeinsamen Organisation der Montan-Industrie der sechs Vertragsunterzeichner Deutschland, Frankreich, Italien, Belgien, Niederlande und Luxemburg[15].

Der EGKS-Vertrag basierte wesentlich auf einem Integrationsansatz, der für den weiteren Verlauf der europäischen Integration handlungsleitend bleiben sollte. Im Folgenden wird dieser Ansatz anhand europäischer Wegmarken herausgearbeitet und gezeigt, welche Einwände, Forderungen und Entwicklungen mit diesem verbunden waren und es z.T. noch sind.

1. Ökonomische Integration als Triebkraft

Allgemein wird unter dem Terminus „ökonomische Integration" der freiwillige Zusammenschluss souveräner Volkswirtschaften zu einem vergrößerten Wirtschaftsraum verstanden[16]. Hauptkennzeichen ist dabei der gemeinsame Abbau tarifärer und nicht-tarifärer Handelshemmnisse, wie z.B. Zölle, Importquoten, Exportabgaben oder nationale Produktvorgaben und Verwaltungsvorschriften, die den Güteraustausch erschweren oder behindern[17]. Ziel ist der unbeschränkte und diskriminierungsfreie Handel zwischen den Einzelstaaten des gemeinsamen Wirtschaftsraumes [18]. Die zunehmende Konkurrenz unter den jeweiligen Marktteilnehmern ist die logische Folge dieser Deregulierung und führt zur Stärkung des Wettbewerbsprinzips, das wiederum durch Innovations- und Anpassungsdruck wachstumsfördernde Impulse im gemeinsamen Wirtschaftraum setzt.

---

15 Der EGKS-Vertrag wurde am 18. April 1951 in Paris unterzeichnet und trat am 23. Juli 1952 in Kraft. Konstitutive Organe der EGKS waren insbesondere die „Hohe Behörde" als Vorläufer der „EU-Kommission", die „Gemeinsame Versammlung" als Vorläufer des „EU-Parlaments", der „Besondere Ministerrat" als Vorgänger des „Ministerrats" und der „Gerichtshof" als weiterhin existierendes Kontrollorgan, vgl. *Weidenfeld,* Die Europäische Union, S. 63.

16 *Blank et al.,* Internationale ökonomische Integration, S. 31.

17 *Blank et al.,* Internationale ökonomische Integration, S. 4ff..

18 *Blank et al.,* Internationale ökonomische Integration, S. 1f..

Die ökonomische Theorie unterscheidet idealtypisch - je nach Integrationsintensität - verschiedene Stufen der Marktintegration, meist beginnend mit der „Freihandelszone", den beiden folgenden Integrationsstufen „Zollunion" und „Gemeinsamer Markt" und dem höchsten Niveau einer „Wirtschafts- und Währungsunion"[19]. Die jeweilige Integrationsintensität bemisst sich dabei nach Art und Ausmaß der Reduktion von Handels- und Mobilitätsbeschränkungen und dem Vorhandensein koordinierter, harmonisierter oder vereinheitlichter Politikfelder wie z.B. der Wirtschafts-, Finanz- oder Sozialpolitik[20].

Hauptkennzeichen einer „Freihandelszone" ist der Verzicht auf Zölle und Handelsbeschränkungen zwischen den teilnehmenden Staaten; eine „Zollunion" beinhaltet gegenüber Drittstaaten darüber hinaus einen gemeinsamen Warenaußenzoll. Der „Gemeinsame Markt" zeichnet sich zusätzlich durch fehlende Mobilitätshemmnisse in den Bereichen Kapital und Arbeit aus. Die „Wirtschafts- und Währungsunion" setzt idealtypisch neben einer harmonisierten Wirtschaftspolitik eine gemeinsame Währungspolitik voraus[21].

Ziel des EGKS-Vertrages war hingegen die Bildung eines „Gemeinsamen Marktes" für die Sektoren Kohle und Stahl. Der Vertrag und die Idee dazu waren in erster Linie das Resultat der von Frankreich verfolgten Absicht - vor dem Hintergrund der Erfahrungen der beiden Weltkriege in der ersten Hälfte des 20. Jahrhunderts - Deutschland dauerhaft in ein europäisches System gegenseitiger Abhängigkeiten und Kontrolle einzubinden, um damit deutsche Übergriffe auf französisches Gebiet für die Zukunft ausschließen zu können[22]. Der französische Außenminister *Robert Schuman* und dessen Planungskommissar *Jean Monnet* entwickelten und insistierten daher den Plan, deutsche und französische kriegsrelevante Wirtschaftssektoren durch die Gründung eines gemeinsam zu organisierenden Marktes für Kohle und Stahl zusammenzuführen und zu koordinieren[23]. Durch den freiwilligen Übertrag nationaler Handlungsrechte auf eine supranationale Institution (EGKS) wollte man dieses Vorhaben politisch umsetzen. Kern des Vorhabens war - mittels wirtschaftlicher Integration und daraus resultierender ökonomischer Interdependenz - einen dauerhaften Frieden unter den daran beteiligten Nationalstaaten zu schaffen.

---

[19] *Blank et al.*, Internationale ökonomische Integration, S. 32ff..
[20] *Blank et al.*, Internationale ökonomische Integration, S. 31ff..
[21] *Blank et al.*, Internationale ökonomische Integration, S. 32ff..
[22] *Pfetsch*, Die Europäische Union, S. 30.
[23] Vgl. dazu den Schuman-Plan vom 9. Mai 1950; *Weidenfeld*, Die Europäische Union, S. 63.

Dieser politik-ökonomische Ansatz liegt auch den am 25. März 1957 von den sechs Gründerstaaten der EGKS unterzeichneten *„Römischen Verträgen"* zur Gründung der *„Europäischen Wirtschaftsgemeinschaft"* (EWG) und *„Europäischen Atomgemeinschaft"* (EAG) zugrunde. Hauptziel der EWG sollte - neben der Durchsetzung einer Zollunion - die Verwirklichung eines sektorübergreifenden „Gemeinsamen Marktes" sein mit einem unbeschränkten Austausch von Gütern, Produktionsfaktoren und Dienstleistungen[24]. Auch die EAG hatte das Ziel, einen gemeinsam kontrollierten Markt im Bereich der Kernindustrie zu etablieren. Der „Gemeinsame Markt" des EWG-Vertrages - 1986 in der *„Einheitlichen Europäischen Akte"* (EEA) erstmals als „Binnenmarkt" aufgeführt[25] - war bis zu seiner weitgehenden Vollendung (1993) Mittelpunkt europäischen Handelns und kann - wie *Weidenfeld* zu Recht schreibt - „bis heute als das Herz des europäischen Einigungsprozesses" bezeichnet werden[26]. Auch als im Vertrag von Maastricht vom 7. Februar 1992 der Wille eine „Wirtschafts- und Währungsunion" zu gründen, primärrechtliche Verankerung fand, signalisierte dies gleichzeitig, dass der Ansatz der „ökonomischen Integration" weiterhin Triebkraft einer fortschreitenden europäischen Integration bleiben sollte.

An Hand dieses kurzen Abrisses europäischer Wegmarken wird deutlich, dass der funktionalistische Politikansatz, mit Hilfe wirtschaftlicher Integration dauerhaften Frieden und ein „politisches System sui generis" zu schaffen, bis heute als zentrale Triebkraft im Prozess der Europäisierung fungiert[27]; auch wenn die - erstmals im Rahmen der „Lissabon-Strategie" (2000) vom Europäischen Rat eingeführte - „offene Methode der Koordination" (OMK) in Politikfeldern, in denen die Union keine oder *nur* begrenzte Integrationskompetenzen besitzt (z.B. die Sozialpolitik, vgl. Art. 4 Abs. 2 AEUV i.V.m. Art. 153 AEUV), zunehmend an Bedeutung gewinnt und damit einen neuen Integrationsansatz repräsentiert[28]. Idee und Ziel der OMK ist, dort wo Mitgliedstaaten und Kommission sich einig sind, dass Integrationsschritte zum Erreichen bestimmter Vertragsziele notwendig sind, gleichzeitig aber der Europäischen Union

---

24 *Weidenfeld,* Die Europäische Union, S. 171f..

25 In der Rechtswissenschaft wird z.T. vertreten, dass die Begriffe „Gemeinsamer Markt" und „Binnenmarkt" inhaltlich nicht deckungsgleich sind und der Binnenmarkt eine Weiterentwicklung des Gemeinsamen Marktes sei oder aber lediglich eine Teilmenge davon. Nach Hatje ist h.M., dass keine größeren Unterschiede bestehen, da der Vertrag beide Begriffe „sinngleich nebeneinander" nutzt, vgl. *Hatje,* in: Schwarze et al. (Hrsg.), EU-Kommentar, 2. Aufl., Art. 14 Rn. 3ff. EGV.

26 *Weidenfeld,* Die Europäische Union, S. 171.

27 Grund für die zentrale Stellung ist auch, dass die kurz nach der Montanunion geplante „Europäische Politische Gemeinschaft" (EPG) 1954 im franz. Parlament scheiterte und damit klar war, dass die „Europäische Idee" vorerst nur funktional-ökonomisch zu verwirklichen ist, vgl. *Weidenfeld,* Die Europäische Union, S. 64ff..

28 KOM (2005) 33 endg., S.4 u. S.10; *Bauer / Knöll,* APuZ 2003, S.36f.; *Lang / Bergfeld,* EuR 2005, S. 384f..

die entsprechenden Handlungskompetenzen dazu fehlen, die Konvergenzfortschritte dann zwischenstaatlich durch gemeinsames Festlegen von Zielen und indikatorengestützter Ergebnisprüfung zu erzielen[29]. Die Einführung der OMK ist damit Folge fehlender oder begrenzter Handlungskompetenzen in bestimmten Politikfeldern der Union und kann folglich auch als pragmatische Reaktion auf die von Anbeginn der Wirtschaftsintegration existierende Forderung gesehen werden, die wirtschaftliche Integration durch eine „soziale Dimension" zu ergänzen. Danach solle am Ende des Integrationsprozesses nicht nur die anvisierte „europäische Wirtschaftsunion" stehen, sondern gleichberechtigt eine „europäische Sozialunion"[30].

2. Soziale Dimension der Wirtschaftsunion

Theoretisch erklärbar sind Forderungen nach einer „sozialen Dimension Europas" bzw. einer „Sozialunion" als Pendant der Wirtschaftsunion damit, dass der Binnenmarkt und die Wirtschafts- und Währungsunion nicht nur ökonomische Integrationsstufen bilden, sondern gleichzeitig rechtliche und ökonomische Institutionen verkörpern, die das individuelle Handeln direkt oder indirekt beeinflussen mit - je nach Situationskontext und Empfinden - vorteilhaften oder nachteiligen Auswirkungen für die jeweils Betroffenen[31]. Die Forderung nach Flankierung der Wirtschaftsintegration durch sozialpolitische EU-Maßnahmen dient daher primär dem Ziel, dass negative Auswirkungen dieser beiden Institutionen - gerade in den Bereichen Arbeit und Soziales - bestmöglich abgefedert werden.

Auch wenn derartige Forderungen den Integrationsprozess von Anbeginn begleiteten und sich dadurch in weiten Teilen der europäischen Bevölkerung der Eindruck festgesetzt haben dürfte, Europa sei ein rein ökonomisches Programm ohne soziale Fundierung, darf nicht übersehen werden, dass schon der EWG-Vertrag von 1957 sozialpolitische Komponenten beinhaltete. Hervorzuheben sind besonders der Grundsatz der Entgeltgleichheit zwischen Männern und Frauen (Art. 119 EWGV, jetzt Art. 157 AEUV), die Arbeitnehmerfreizügigkeit (Art. 48ff. EWGV, jetzt Art. 45ff. AEUV) oder die Verpflichtung zur Einrichtung eines Europäischen Sozialfonds zur

---

[29] *Lang / Bergfeld,* EuR 2005, S. 381f.; *Schulte* (2004), in: Kaelble / Schmid, S. 75, 89.

[30] *Kleinhenz* (1990), in: Birk, S. 9, 9.

[31] „Institutionen" werden im Bereich der Soziologie und Ökonomik meist als Regelsysteme, feste Muster oder als Erwartungsstrukturen definiert, die handlungssteuernd auf die in sie eingebetteten individuellen oder kollektiven Akteure einwirken und damit beitragen, das gesellschaftliche Miteinander zu ordnen; dazu z.B. für die Ökonomik: *Voigt,* Institutionenökonomik, S. 19ff., für die Soziologie: *Hasse / Krücken,* Neo-Institutionalismus, S. 13ff..

Verbesserung der Beschäftigungsmöglichkeiten und Arbeitnehmermobilität im „Gemeinsamen Markt“ (Art. 123ff. EWGV, jetzt Art. 162ff. AEUV). Entgegnet wird, dass dieser „sozialpolitische Minimalismus“ im Wesentlichen zur Durchsetzung der Marktintegration diente und damit lediglich „Annex“ der ökonomischen Integrationsmethode war und keiner originär sozialpolitischen Motivation unterlag[32]. *Streeck* spricht in diesem Zusammenhang von einer „marktbereitenden Sozialpolitik“ als Alternativvariante der klassischen Sozialpolitik, der „marktkorrigierende[n] Sozialpolitik“[33]. Auch wenn die sozialpolitischen Elemente im EWG-Vertrag größtenteils als „Mittel zum Zweck“ zu klassifizieren sind - gerade auch vor dem Hintergrund, dass bei den Gründervätern der Wirtschaftsgemeinschaft die marktliberale Überzeugung überwog, dass sozialer Fortschritt in erster Linie automatische Folge der wirtschaftlichen Integration sei [34] - sind derartige Maßnahmen, die eine Art „Win-win-Situation“ im Wirtschafts- als auch im Sozialbereich darstellen, eher positiv zu bewerten.

Primär sozialpolitisch motiviert war dagegen das 1974 verabschiedete *„Sozialpolitische Aktionsprogramm“*, dessen Grundlage die auf dem Pariser Gipfel im Oktober 1972 geschlossene Übereinkunft der Staats- und Regierungschefs war, dem sozialpolitischen Bereich zukünftig den gleichen Stellenwert einzuräumen wie der Verwirklichung und Vollendung der wirtschaftlichen Integration[35]. Im Anschluss daran wurden bis Ende der 1970er Jahre eine Reihe von sozialpolitischen Richtlinien verabschiedet wie die GleichbehandlungsRL 76/207, die BetriebsübergangsRL 77/187, die MassenentlassungsRL 75/129 oder die InsolvenzRL 80/987[36]. Die Wirtschafts- und Arbeitsmarktkrise ab Mitte der 1970er Jahre, damit verbundene Deregulierungs- und Flexibilisierungsbestrebungen und die strikte Ablehnung sozial motivierter EU-Maßnahmen durch die britische Regierung ab den 1980er Jahren, führten jedoch zum vorläufigen Ende sozialpolitischer Reformanstrengungen[37].

Erst die Initiativen des Kommissionspräsidenten *Jacques Delors* standen wieder in der Tradition der Pariser-Übereinkunft von 1972. *Delors* war in besonderer Weise darum bemüht, die soziale Dimension der Marktintegration zu fördern, um damit einen nachhaltigen Beitrag zum Aufbau einer europäischen „Sozialunion“ zu leisten. Dies

---

[32] *Weiss* (2007), in: Jürges et al., S. 207, 209; *Schulte* (2004), in: Kaelble / Schmid, S. 75, 84f..

[33] *Streeck* (1998), in: Leibfried / Pierson, S. 369, 380ff..

[34] *Kleinhenz* (1990), in: Birk, S. 9,11; *Weiss* (2007), in: Jürges et al., S. 207, 209.

[35] ABl. vom 12.2.1974, C 13/1.

[36] *Rebhahn / Reiner,* in: Schwarze et al. (Hrsg.), EU-Kommentar, 2. Aufl., Art. 136 Rn. 3 EGV.

[37] *Weiss* (2007), in: Jürges et al., S. 207, 209f..

wird beispielsweise im Rahmen der Vorstellung des ersten von *Delors* verantworteten Arbeitsprogramms der neuen Kommission vor dem Europaparlament am 14.1.1985 an folgenden Aussagen von ihm deutlich: „Meine Forderung lautet [..]: Es darf auch kein soziales Dumping geben. Auch hier *[gemeint: im Arbeitsmarkt- und Sozialbereich, Anm. d. Verf.]* müssen wir durch Harmonisierung der Vorschriften gleiche Bedingungen für alle schaffen". „Denn ohne ein Mindestmaß an Harmonisierung im sozialen Bereich wird das eintreten, was bereits zu beobachten ist: Mitgliedstaaten und Unternehmen versuchen, Wettbewerbsvorteile zu erkaufen, die man nur als sozialen Rückschritt qualifizieren kann"[38]. Kernanliegen *Delors* war dabei - gerade durch die Erfahrung, dass aufgrund der Beschlussregel der „Einstimmigkeit" im Ministerrat, sozialpolitische Fortschritte auf EU-Ebene nur schwer zu realisieren waren - die institutionelle Stärkung der Ebene der europäischen Arbeitsbeziehungen, deren Akteure damit zur Verwirklichung der sozialen Dimension des Binnenmarktes maßgeblich beitragen sollten[39]. Sozialpolitischer Fortschritt, den *Delors* als konstitutiven Bestandteil wirtschaftlicher Prosperität ansah, sollte auf Unionsebene durch die institutionalisierte Selbstregulierung von Kapital und Arbeit erzielt werden.
Erfolge im sozialpolitischen Bereich erzielte *Delors* dann mit der Verabschiedung des ersten Reformvertrages der europäischen Verträge, der *„Einheitlichen Europäischen Akte"* (EEA) von 1986, der rechtlich unverbindlichen *„Gemeinschaftscharta der sozialen Grundrechte der Arbeitnehmer"* im Jahr 1989 und dem *„Sozialprotokoll"* (SP) des Maastrichter-Vertrages von 1992. Hervorzuheben sind dabei die sozialpolitischen Fortschritte durch: (1.) die Institutionalisierung und spätere Fortentwicklung des „Sozialen Dialogs" (EEA und SP), (2.) die erstmalige Einführung der Beschlussfassung der Mehrheitsentscheidung im Rat auf dem Gebiet des Arbeitsschutzes (EEA), (3.) die Ausweitung der Kompetenzen (z.T. i.V.m. der Beschlussregel „qualifizierte Mehrheit") auf eine Reihe grundlegender Themen des Arbeitsrechts (SP) und (4.) das erstmalige politische Bekenntnis der Europäischen Union zu sozialen Grundrechten der Arbeitnehmer im Rahmen der Gemeinschaftscharta. Eine grundlegende Kompetenzausweitung im originär sozialpolitischen Bereich der „sozialen Sicherheit" fand unter *Delors* aber nicht satt. Damit stand weiterhin der Vorwurf im Raum, Sozialpolitik weitgehend zum Nutzen der Wirtschaftsintegration zu betreiben[40]. Trotzdem zeigen auch die von *Delors* initiierten Strategiepapiere *„Weißbuch für*

---

[38] *Delors*, Das neue Europa, S. 38.
[39] *Delors*, Das neue Europa, S. 39 u. S. 61.
[40] *Schulte* (2004), in: Kaelble / Schmid, S. 75, 86f..

Wachstum, Wettbewerbsfähigkeit und Beschäftigung" von 1993 und das im darauffolgenden Jahr publizierte *„Weißbuch über die Europäische Sozialpolitik"* - gerade auch durch die enge zeitliche Reihenfolge beider Papiere - den Willen *Delors*, die soziale Dimension der Wirtschaftsintegration auszubauen. So wird z.B. in der Einleitung des sozialpolitischen Weißbuches darauf hingewiesen, dass aufgrund fortschreitender Prozesse wie Globalisierung, technischem Wandel, Alterung der Bevölkerung und anhaltender Wachstumsprobleme eine ausschließlich marktbezogene Sozialpolitik auf europäischer Ebene zukünftig nicht mehr ausreichen wird, um das bisher erreichte Sozialniveau zu halten[41]. Vielmehr sei notwendig „a broadly based, innovative and forward looking social policy" und die Überzeugung, dass das europäische Wirtschafts- und Sozialmodell nur dann bestehen kann, bei gleichzeitigem wirtschaftlichem und sozialem Fortschritt[42]. Allerdings haben weder die beiden nach Maastricht verabschiedeten Reformverträge[43] noch der Vertrag von Lissabon - bis auf die nun rechtsverbindliche und dem Vertrag als Protokoll angefügte EU-Grundrechtecharta - wesentliche Kompetenzerweiterungen im Bereich der EU-Sozialpolitik verankert, sodass das Ziel einer „Sozialunion" noch in weiter Ferne liegt.

Dies wird umso deutlicher, wenn man die Existenz einer „Sozialunion" auf Grundlage der Kriterien von *Rebhahn / Reiner* prüft: Danach wäre eine „Sozialunion" ein Raum indem (1.) die Sozial- und Wirtschaftspolitik gleichwertig ist, (2.) keine rein wirtschaftsbezogene Sozialpolitik vorherrscht, (3.) wesentliche Arbeitsbedingungen gleich geregelt sind und (4.) sowohl transnationale Koalitionen und Kollektivverträge rechtlich möglich sind[44]. *Rebhahn / Reiner* kommen zu dem Ergebnis, dass alle vier Prüfpunkte - wenn überhaupt - bis jetzt nur ansatzweise erfüllt sind und damit von einer „Sozialunion" nicht gesprochen werden kann[45].

Aus rechtlicher Perspektive ist für die Frage der Etablierungschancen einer „Sozialunion" vor allem das Thema der Kompetenzen, die der Europäischen Union von Seiten der Mitgliedstaaten übertragen wurden, zentral. Im folgenden Kapitel wird daher eingehender untersucht, welche Kompetenzen und Potentiale der Vertrag von Lissabon im Bereich der EU-Sozialpolitik bereithält.

---

41 COM (1994), 333 final S. 1ff..
42 COM (1994), 333 final S. 1ff..
43 Vertrag von Amsterdam (1997) und Vertrag von Nizza (2001).
44 *Rebhahn / Reiner*, in: Schwarze et al. (Hrsg.), EU-Kommentar, 2. Aufl., Art. 136 Rn. 13 EGV.
45 *Rebhahn / Reiner*, in: Schwarze et al. (Hrsg.), EU-Kommentar, 2. Aufl., Art. 136 Rn. 13 EGV.

In diesem Zusammenhang ist noch auf den Begriff der „Sozialpolitik", so wie er im europäischen Kontext inhaltlich verwendet wird, kurz einzugehen. Unter dem Terminus „Sozialpolitik" werden im Unionsvertrag überwiegend Fragen und Regelungen des Arbeitsrechts subsumiert (vgl. AEUV: Titel X.) und weniger - wie im Bereich der Wirtschafts- und Sozialwissenschaften üblich - Fragen der sozialen Sicherheit, Arbeitsmarkt- oder Familienpolitik[46]. Die EU-Sozialpolitik umfasst daher neben den sozial- vor allem die arbeitsrechtlichen Themen und entspricht in dieser Konzeption eher dem französischen „droit social"[47]. Aufgrund der Thematik des Buches wird im Folgenden der Begriff „Sozialpolitik" so verwendet wie im EU-Recht üblich, also mit arbeitsrechtlichem Bezug und nicht in seiner sozialökonomischen Bedeutung.

---

[46] Einen guten Überblick hierzu bietet z.B. *Lampert / Althammer*, Lehrbuch der Sozialpolitik, S. 187.

[47] *Rebhahn / Reiner*, in: Schwarze et al. (Hrsg.), EU-Kommentar, 2. Aufl., Art. 136 Rn. 1f. EGV.

III. Sozialpolitische Kompetenzgrundlagen der Europäischen Union

Charakteristisch für die Europäische Union als politisches System ist die Parallelität supranationaler und intergouvernementaler Handlungs- und Organisationsprinzipien. Die Politikwissenschaft spricht in diesem Kontext von einem „politischen System sui generis“[48]. Der Begriff „Supranationalität“ umschreibt die Kompetenz einer politischen Organisation und ihrer Organe, rechtsverbindliche Beschlüsse - aufgrund vorherigem freiwilligen Übertrag der entsprechenden nationalstaatlichen Entscheidungskompetenzen auf diese - auch gegen den Willen eines Teils ihrer Mitgliedstaaten durchzusetzen[49]. Auf Seiten der Mitgliedstaaten besteht also die Bereitschaft bzw. Pflicht, supranational gefasste Entscheidungen - auch entgegen eigener Präferenzen - umzusetzen. Der Terminus „Intergouvernementalität“ bringt dagegen zum Ausdruck, dass Beschlüsse nur zwischen den Mitgliedstaaten direkt ausgehandelt werden und dem Einstimmigkeitsprinzip unterliegen; die Souveränität der Nationalstaaten bleibt folglich erhalten[50]. Das Prinzip des Intergouvernementalismus findet sich im Unionsvertrag vor allem im Bereich der Außen- und Sicherheitspolitik (Art. 24 Abs. 1 UAbs. 2 EUV). Auch die OMK kann - aufgrund der zwischenstaatlich ausgehandelten Zielformulierungen und Kontrollmechanismen - als ein überwiegend intergouvernemental ausgerichtetes Politikinstrument eingeordnet werden[51].

Das gleichzeitige Vorhandensein supranationaler und intergouvernementaler Organisationsprinzipien im Unionsvertrag macht deutlich, dass die Union keine Allzuständigkeit besitzen soll, sondern lediglich auf Basis derjenigen Kompetenzen und Aufgaben tätig wird, die ihr von den Mitgliedstaaten im Rahmen der Unionsverträge übertragen wurden. Im Vertrag von Lissabon findet sich daher neben politikfeldbezogenen Handlungskompetenzen und Kompetenzausübungsprinzipien, eine grundlegende Kompetenzsystematik, die im Folgenden dargestellt wird.

---

48 *Pfetsch,* Die Europäische Union, S. 131; *Weidenfeld,* Die Europäische Union, S. 201.
49 *Weidenfeld,* Die Europäische Union, S. 16.
50 *Weidenfeld,* Die Europäische Union, S. 16; *Haratsch et al.,* Europarecht, S. 42.
51 *Weidenfeld,* Die Europäische Union, S. 149.

1. Allgemeine Kompetenzstrukturen im Unionsvertrag

Zentral für die Frage nach den Kompetenzgrundlagen der Europäischen Union sind das „Prinzip der begrenzten Einzelermächtigung“ (Art. 5 Abs. 1f. EUV) sowie die beiden Kompetenzausübungsschranken der Subsidiarität (Art. 5 Abs. 3 EUV) und Verhältnismäßigkeit (Art. 5 Abs. 4 EUV).

a) Prinzip der begrenzten Einzelermächtigung

Wie dargelegt, besitzt die Europäische Union keine Kompetenz-Kompetenz, d.h. das Recht Handlungsbefugnisse eigenmächtig zu erweitern, besteht auf Ebene der Europäischen Union nicht. Die Union kann und soll lediglich im Rahmen der ihr von den Mitgliedstaaten zugewiesenen Zuständigkeiten tätig werden. Nicht übertragene Politikfelder und Themen verbleiben im Souveränitätsbereich der Nationalstaaten. Das Tätigwerden der Union ist ausschließlich im Umfang der ihr übertragenen Einzelermächtigungen möglich (begrenzte Verbandskompetenz)[52]. Das „Prinzip der begrenzten Einzelermächtigung“ in Art. 5 Abs. 1f. EUV institutionalisiert genau diesen zentralen Grundsatz im Unionsvertrag.
Für die Frage der Rechtmäßigkeit einer Unionshandlung ist daher primär zu prüfen, ob die dafür notwendige Ermächtigungsgrundlage im Unionsvertrag gegeben ist oder nicht. Da die Europäische Union primär über ihre Organe handelt, ist dieses Kompetenzprinzip zudem im Titel III. des EUV - den „Bestimmungen über die Organe“ - bei Art. 13 Abs. 2 verankert (begrenzte Organkompetenz)[53].

b) Kompetenzkategorien

Seit dem Vertrag von Lissabon sind die Befugnisse der Union innerhalb dreier Kompetenzkategorien eingeteilt. Dies sind: (1.) die Kategorie der „ausschließlichen Zuständigkeiten“ (Art. 3 AEUV), (2.) die Kategorie der „geteilten Zuständigkeiten“ (Art. 4 AEUV) und (3.) die Kategorie der „Unterstützungs-, Koordinierungs- und Ergänzungsmaßnahmen“ (Art. 5 und Art. 6 AEUV).
In Bereichen mit ausschließlicher Kompetenz hat die Union das alleinige Recht, rechtsverbindliche Rechtsakte zu erlassen (Art. 2 Abs. 1 AEUV). Dies ist beispielsweise im Bereich der Zollunion, Handelspolitik, Wettbewerbspolitik oder Währungs-

[52] *Haratsch et al.*, Europarecht, S. 87f..
[53] *Haratsch et al.*, Europarecht, S. 87f..

union der Fall (Art. 3 AEUV). Folglich liegt ein vollständiger Souveränitätsverzicht der Mitgliedstaaten in diesen Politikfeldern vor.
Zur Kategorie der mit den Mitgliedstaaten zu teilenden Kompetenzen (Art. 4 AEUV) zählen beispielsweise die Politikfelder Binnenmarkt, Verkehr, Energie, Umwelt oder der in diesem Buch im Fokus stehende Bereich der Sozialpolitik; allerdings nur hinsichtlich der in den Artikeln 151 bis 161 AEUV aufgeführten Arbeitsrechtsmaterien[54]. Die Mitgliedstaaten sind in dieser Kategorie solange und soweit zur Rechtsetzung befugt, wie die Union *nicht* tätig wurde (Art. 2 Abs. 2 S. 2)[55]. Ein Tätigwerden der Union impliziert dann aber den Verlust der mitgliedstaatlichen Rechtsetzungskompetenz in genau der von der Union behandelten Rechtsmaterie[56]. Folglich besteht für die Union im Rahmen der „geteilten Zuständigkeiten" ein Ausübungsvorrang; aber immer nur solange, wie dabei die unionsrechtlichen Kompetenzschranken der Subsidiarität und Verhältnismäßigkeit eingehalten werden.
Zur dritten Kompetenzkategorie zählen zum einen die Wirtschafts-, Beschäftigungs- und die übrige Sozialpolitik (Art. 5 AEUV), zum anderen Themenfelder wie Industrie, Tourismus, Gesundheit oder Kultur (Art. 6 AEUV). Aufgrund der lediglich unterstützenden, koordinierenden und ergänzenden Kompetenzen in diesen Bereichen verkörpert diese Kategorie im Vergleich zu den beiden anderen nicht nur die schwächste Befugniszuweisung, sondern zeigt gleichzeitig welche Politikfelder und Themen sich weiterhin in einzelstaatlicher Verantwortung befinden.
Hinsichtlich der Funktion der Art. 2 bis Art. 6 AEUV ist festzuhalten, dass die erstmalige Kategorisierung der unterschiedlichen Kompetenzniveaus im Vertrag von Lissabon primär einen ordnenden Zweck verfolgt, und sich die konkreten Zuständigkeiten weiterhin aus den Einzelermächtigungen in den jeweiligen Politikbereichen des AEUV herleiten (Art. 2 Abs. 6 AEUV)[57].

---

[54] *Streinz,* in: Streinz et al. (Hrsg.), EU-Kommentar, 2. Aufl., Art. 4 Abs. 2 lit. b Rn. 5 AEUV.
[55] *Haratsch et al.,* Europarecht, S. 87f..
[56] *Streinz,* in: Streinz et al. (Hrsg.), EU-Kommentar, 2. Aufl., Art. 2 Rn. 10 AEUV.
[57] *Lienbacher,* in: Schwarze et al. (Hrsg.), EU-Kommentar, 2. Aufl., Art. 5 Rn. 14 EGV; *Streinz,* in: Streinz et al. (Hrsg.), EU-Kommentar, 2. Aufl., Art. 2 Rn. 17 AEUV.

c) Kompetenzausübungsschranke: Subsidiaritätsprinzip

Gemäß Art. 5 Abs. 3 EUV „wird die Union in den Bereichen, die nicht in ihre ausschließliche Zuständigkeit fallen, nur tätig, sofern und soweit die Ziele der in Betracht gezogenen Maßnahmen von den Mitgliedstaaten weder auf zentraler noch auf regionaler oder lokaler Ebene ausreichend verwirklicht werden können, sondern [...] auf Unionsebene besser zu verwirklichen sind". Die Union ist folglich nur dann berechtigt, ihre von den Mitgliedstaaten eingeräumten Kompetenzen zu nutzen, wenn absehbar ist, dass die damit zu verwirklichenden Ziele auf der Ebene der Mitgliedstaaten „nicht ausreichend" (Erforderlichkeitskriterium) und daher „besser", d.h. im Sinn der bestmöglichen Zielerreichung unter Berücksichtigung der dafür erforderlichen Mittel (Effizienzkriterium), auf der europäischen Ebene erreicht werden können[58]. Art. 5 Abs. 3 EUV verankert damit im EU-Recht das Prinzip der Subsidiarität und fungiert im Bereich der „geteilten Zuständigkeiten" als Kompetenzausübungsschranke für die Union. Damit dient Art. 5 Abs. 3 EUV gleichzeitig dem Gebot aus Art. 4 Abs. 2 EUV, die „nationale Identität" der Mitgliedstaaten „zu achten". Das Subsidiaritätsprinzip soll aus Sicht der Mitgliedstaaten sicherstellen, dass kulturell bedingte Unterschiede und Traditionen erhalten bleiben und damit ein Beitrag geleistet wird zu mehr Bürgernähe und weniger Zentralismus[59]. Insgesamt dient das Prinzip damit der Kontrolle, ob ein europäisches Vorgehen im Bereich „geteilter Zuständigkeiten" rechtens ist.

(aa) Ursprung, Begriff und Inhalt

Der Begriff „Subsidiarität" ist lateinischen Ursprungs und leitet sich vom Wort „subsidium" ab, das vor allem im militärischen Kontext Verwendung fand. Danach greift eine Reserveeinheit erst dann ein, wenn absehbar ist, dass die Frontstellung nur mit deren Unterstützung gehalten werden kann[60]. Damit wird im übertragenen Sinn eine Zuständigkeitsregel formuliert, deren Maßstab die Leistungsfähigkeit unterschiedlicher Einheiten hinsichtlich eines festgelegten Ziels ist. Das eigentliche „Subsidiaritätsprinzip" wurde aber maßgeblich von *Gustav Grundlach* - einem Sozialphilosophen und Jesuiten - geprägt und von Papst *Pius XI.* 1931 als Nr. 79 in

---

[58] *Lienbacher,* in: Schwarze et al. (Hrsg.), EU-Kommentar, 2. Aufl., Art. 5 Rn. 21 u. Rn. 26 EGV.
[59] *Stein* (1993), in: Merten, S. 23, 26.
[60] *Calliess*, Subsidiaritäts- und Solidaritätsprinzip in der Europäischen Union, S. 21.

der Sozialenzyklika *„Quadragesimo anno"* verankert[61]. Ziel war dabei - vor dem Hintergrund zunehmender totalitärer Staatsstrukturen in Europa - einen Beitrag zu leisten zum Schutz und zur Stärkung intermediärer Gesellschaftsebenen[62].
Inhaltlich bringt das Subsidiaritätsprinzip zum Ausdruck, dass die größere Einheit in den Verantwortungsbereich der nächst kleineren Einheit erst eingreifen darf (bzw. dann auch muss), wenn diese nicht mehr in der Lage ist, Probleme oder Aufgaben selbstverantwortlich zu bewältigen[63]. Damit verbindet das Subsidiaritätsprinzip die Prinzipien der Selbstverantwortung und Solidarität auf elegante Weise[64].

(bb) Justiziabilität

Der rechtliche Gehalt des Subsidiaritätsprinzips und damit die Frage der Justiziabilität hängt primär davon ab, inwieweit es dem EuGH möglich ist zu prüfen, ob eine Unionsmaßnahme im Bereich der „geteilten Zuständigkeiten" die Kriterien des Art. 5 Abs. 3 EUV erfüllt. Inwieweit die das Subsidiaritätsprinzip prägenden Kriterien der „Erforderlichkeit" und „Effizienz" rechtlich prüfbar sind, ist in der Rechtswissenschaft aber umstritten[65]. Beiden Kriterien fehlt ein konkreter Maßstab, an Hand dem getroffene Entscheidungen zugunsten oder zulasten einer politischen Ebene nachgeprüft werden können[66]. Vielmehr basieren die Entscheidungen auf theoretischen Überlegungen und Prognosen und entziehen sich damit weitestgehend der rechtlichen Prüfbarkeit[67]. Trotzdem ist aufgrund der Unbestimmtheit beider Kriterien, die Justiziabilität nach h.M. nicht zu verneinen, vielmehr wird dem EuGH ein weiter Beurteilungsspielraum zugestanden[68]. Der EuGH habe zu prüfen, ob ein außerordentliches Missverhältnis besteht zwischen einem zusätzlichen Integrationsfortschritt infolge der unionsweiten Regelung und dem damit gleichzeitig verbundenen Souveränitätsverlust auf mitgliedstaatlicher Ebene[69].
Seit dem Lissabon-Vertrag hat das Subsidiaritätsprinzip jedoch - gerade auch wegen des nun obligatorischen Einbezugs der Nationalparlamente in die Willensbildung der Union (Art. 12 EUV), und der Möglichkeit Subsidiaritätsverstöße frühzeitig zu rügen

---

61 *Homann / Kirchner* (1995), in: Gerken, S. 45, 47.
62 *Calliess,* Subsidiaritäts- und Solidaritätsprinzip in der Europäischen Union, S. 24.
63 *Homann / Kirchner* (1995), in: Gerken, S. 45, 48.
64 *Kleinhenz* (1996), in: Kleinhenz, S. 7, 17.
65 *Calliess,* Subsidiaritäts- und Solidaritätsprinzip in der Europäischen Union, S. 267.
66 *Lienbacher,* in: Schwarze et al. (Hrsg.), EU-Kommentar, 2. Aufl., Art. 5 Rn. 26 EGV.
67 *Lienbacher,* in: Schwarze et al. (Hrsg.), EU-Kommentar, 2. Aufl., Art. 5 Rn. 27 EGV.
68 *Lienbacher,* in: Schwarze et al. (Hrsg.), EU-Kommentar, 2. Aufl., Art. 5 Rn. 28 EGV.
69 *Calliess,* Subsidiaritäts- und Solidaritätsprinzip in der Europäischen Union, S. 271.

(Subsidiaritätsrüge, Art. 12 lit. b EUV i.V.m. Art. 6 SubsProt) bzw. bei einem Verstoß Klage vor dem EuGH zu erheben (Subsidiaritätsklage, Art 263 AEUV i.V.m. Art. 8 SubsProt) - politisch und rechtlich an Bedeutung gewonnen, da jetzt für den Unionsgesetzgeber ein verstärkter Anreiz besteht, sein Handeln vor dem Hintergrund der Subsidiaritätsanforderung nachvollziehbarer und damit auch justiziabler zu machen. Einen Beitrag leistet hierzu besonders Art. 5 SubsProt, der für europäische Gesetzgebungsentwürfe eine Reihe von Anforderungen formuliert, wie z.B. eine Begründungspflicht warum aus Kommissionssicht ein Vorhaben unionsweit umgesetzt werden soll und das damit verbundene Ziel nicht auch auf mitgliedstaatlicher Ebene erreichbar ist. Zudem sollen Kriterien genannt werden, die die Entscheidung der Kommission im Hinblick auf die Einhaltung des Subsidiaritätsprinzips nachvollziehbarer machen.

d) Kompetenzausübungsschranke: Verhältnismäßigkeitsprinzip

Im Unterschied zum Subsidiaritätsprinzip stellt der „Grundsatz der Verhältnismäßigkeit" aus Art. 5 Abs. 4 EUV eine Kompetenzausübungsschranke für alle drei Kompetenzkategorien im Unionsvertrag dar[70]. Inhaltlich verpflichtet dieser, dass Unionsmaßnahmen „inhaltlich wie formal nicht über das zur Erreichung der Ziele der Verträge erforderliche Maß" hinausgehen. Die Union ist aufgefordert ihre Kompetenzen nur soweit zu nutzen, wie es unbedingt zur Zielerreichung notwendig erscheint. Daraus folgt, dass mitgliedstaatliche Einschränkungen oder Belastungen infolge von Unionsmaßnahmen so gering wie möglich zu halten sind, sodass der nationalen Rechtstätigkeit so viel Raum wie möglich erhalten bleibt[71].

(aa) Kriterien

Den Verhältnismäßigkeitsgrundsatz prägen insgesamt die drei Kriterien „Geeignetheit", „Erforderlichkeit" und „Angemessenheit". Eine Gemeinschaftsmaßnahme ist verhältnismäßig, wenn diese u.a. für die Zielerreichung geeignet und erforderlich ist. Stehen mehrere geeignete Maßnahmen zur Wahl, ist immer diejenige Handlungsoption zu wählen, die am wenigsten belastend wirkt. Dies ist besonders im Bereich der Auswahl der Rechtsakte bedeutsam. Wird kein Rechtsakt primärrechtlich vorgegeben, so ist immer derjenige zu wählen, der unter dem Gesichtspunkt der Zielverwirkli-

[70] *Lienbacher*, in: Schwarze et al. (Hrsg.), EU-Kommentar, 2. Aufl., Art. 5 Rn. 40 EGV.
[71] *Lienbacher*, in: Schwarze et al. (Hrsg.), EU-Kommentar, 2. Aufl., Art. 5 Rn. 40 EGV.

chung am wenigsten die Autonomie der Mitgliedstaaten beeinträchtigt (Art. 296 Abs. 1 AEUV). Bei freier Rechtsaktwahl, ist demzufolge die Richtlinie der unmittelbar-zwingend wirkenden Verordnung vorzuziehen. Zudem müssen die damit verbundenen Auswirkungen auf der Ebene der Mitgliedstaaten in angemessenem Verhältnis zum verfolgten Ziel stehen[72].

(bb) Justiziabilität

Allgemein wird das Kriterium der Verhältnismäßigkeit als justiziabel eingestuft[73]. Der EuGH prüft dabei überwiegend die Rechtmäßigkeit einer Maßnahme allein bezüglich der Frage, ob hinsichtlich des zu erreichenden Ziels eine offenkundige Nichteignung der Maßnahme vorliegt[74]. Diese Praxis gilt besonders für die Fälle, in denen der EuGH dem Unionsgesetzgeber einen weiten Ermessensspielraum bei der Verhältnismäßigkeitsprüfung zugesteht; also immer dort, wo die Tätigkeit der Union wirtschafts- und sozialpolitische Entscheidungen sowie komplexe Abwägungen und Prüfungen verlangt[75]. Daher kann laut EuGH „[d]ie Ausübung einer solchen Befugnis [...] gerichtlich nur daraufhin überprüft werden, ob ein offensichtlicher Irrtum oder ein Ermessensmissbrauch vorliegt oder ob das Organ die Grenzen seines Ermessens offenkundig überschritten hat“[76].

Diese Praxis des EuGH wird jedoch nicht unkritisch gesehen. Bemängelt wird insbesondere die damit verbundene Abstufung der Verhältnismäßigkeitsprüfung „auf eine bloße Geeignetheitsprüfung der Unionsmaßnahmen“ und damit das Nichtbeachten der Kriterien „Erforderlichkeit“ und „Angemessenheit“[77]. Allerdings ist festzuhalten, dass der Gerichtshof - wenn der Prüfkontext dies aus seiner Sicht verlangt - von dieser restriktiven Prüfpraxis auch abweicht[78].

---

72 *Lienbacher,* in: Schwarze et al. (Hrsg.), EU-Kommentar, 2. Aufl., Art. 5 Rn. 44 EGV.
73 *Lienbacher,* in: Schwarze et al. (Hrsg.), EU-Kommentar, 2. Aufl., Art. 5 Rn. 41 EGV.
74 *Trstenjak / Beysen,* EuR 2012, S. 273; z.B. EuGH, Rs. 265/87, Schräder / Hauptzollamt Gronau, Rn. 21f..
75 EuGH, Rs. C-84/94, Vereinigtes Königreich / Rat, Rn. 58; *Trstenjak / Beysen,* EuR 2012, S. 273.
76 EuGH, Rs. C-84/94, Vereinigtes Königreich / Rat, Rn. 58.
77 *Trstenjak / Beysen,* EuR 2012, S. 273f..
78 *Trstenjak / Beysen,* EuR 2012, S. 274; z.B. EuGH, Rs. C-176/09, Luxemburg / Parlament und Rat, Rn. 63ff..

2. Sozialpolitische Kompetenzgrundlagen

Sozialpolitik ist im Unionsvertrag weitestgehend dem Kompetenzbereich der „geteilten Zuständigkeiten“ zugeordnet (Art. 4 lit. b AEUV). Im Verlauf der europäischen Integration erfolgte also auch in diesem lange Zeit rein national dominierten Politikfeld ein Kompetenzübertrag auf die europäische Ebene. Aufgrund der Kompetenzteilung zwischen Mitgliedstaaten und Union kann im Bereich der EU-Sozialpolitik auch von einem politischen Mehrebenensystem gesprochen werden[79]. Konstitutiv für ein Mehrebenensystem ist die Kompetenzverteilung auf mehrere miteinander verbundene politische Organe unterschiedlicher Ebenen und der Einbezug und Einfluss nicht-staatlicher Akteure in die Entscheidungsprozesse[80].

a) Kompetenznormen

Zentrale Kompetenznorm im Sozialpolitiktitel des Unionsvertrages ist Art. 153 AEUV, der die von der Union regelbaren Materien aufführt und diese an Hand bestimmter Kriterien indirekt vier Kategorien zuordnet. Zu unterscheiden sind dabei folgende Kategorien von Rechtsmaterien (vgl. Art. 153 Abs. 2 AEUV): (1.) Materien, die im Rahmen des „ordentlichen Gesetzgebungsverfahrens“ mit qualifizierter Ratsmehrheit zu regeln sind, (2.) Materien, die ausschließlich im Rahmen des „besonderen Gesetzgebungsverfahrens“ mit Einstimmigkeitserfordernis im Rat regelbar sind, (3.) Materien, die lediglich einer koordinierenden Einflussnahme der Union unterliegen, z.B. im Rahmen der OMK[81] und (4.) die Kategorie der sog. Negativkompetenzen, d.h. Materien, die im Rahmen des Art. 153 AEUV einer Regelungssperre unterliegen - sich damit außerhalb des sozialpolitischen Kompetenzbereiches der Union befinden und folglich im alleinigen Zuständigkeitsbereich der Mitgliedstaaten verbleiben[82]. Hierzu gehören nach Art. 153 Abs. 5 AEUV „das Arbeitsentgelt, das Koalitionsrecht, das Streikrecht sowie das Aussperrungsrecht“.
Die Kategorisierung in Art. 153 Abs. 2 AEUV verdeutlicht, dass die vorhandenen Regelungsmaterien im Bereich der EU-Sozialpolitik nicht voraussetzungsloser Gegenstand des Unionshandelns sind. *Echte* Supranationalität besteht lediglich für die Materien, die der ersten Kategorie zugehören. Einerseits weil im „ordentlichen

---

79 *Leibfried /Pierson* (1997), in: Platzer, S. 77, 79.
80 *Weidenfeld,* Die Europäische Union, S. 46.
81 *Rebhahn / Reiner,* in: Schwarze et al. (Hrsg.), EU-Kommentar, 2. Aufl., Art. 137 Rn. 60 EGV.
82 *Rebhahn / Reiner,* in: Schwarze et al. (Hrsg.), EU-Kommentar, 2. Aufl., Art. 137 Rn. 56 EGV.

Gesetzgebungsverfahren“ ein Rechtsakt nur verabschiedet werden kann bei Zustimmung des EU-Parlaments (Art. 289 AEUV i.V.m. Art. 294 AEUV), andererseits weil die Beschlussfassungsregel der „qualifizierten Mehrheit“ im Rat (Art. 16 Abs. 3 EUV) impliziert, dass immer die Möglichkeit der Überstimmung eines Mitgliedstaates gegeben ist und folglich gegen dessen Willen ein Rechtsakt im Rat verabschiedet werden kann und bei Parlamentszustimmung als Gesetzgebungsakt in dessen Rechtsordnung einwirkt.

Regelungsmaterien mit *echt* supranationalem Charakter sind nach Art. 153 Abs. 1 AEUV insbesondere: „Gesundheit und Sicherheit der Arbeitnehmer“ (lit. a), der Bereich der „Arbeitsbedingungen“ (lit. b), worunter nach h.M. lediglich der „traditionelle Inhalt des Individualarbeitsrechts“ zu zählen ist. Dazu gehören z.B. Themen wie „Vertragsabschlussmodalitäten“, „Schutz bei Krankheit einschließlich Entgeltfortzahlung“, „Pflichten zum Ersatz von Ausbildungskosten“ oder Fragen der „Haftung des Arbeitnehmers bei Nichtleistung oder Schlechtleistung“[83]. Des Weiteren gehört zu dieser Kategorie der Gegenstandsbereich „Unterrichtung und Anhörung der Arbeitnehmer“ (lit. e), worunter Fragen der Mitwirkung fallen, nicht aber der Mitbestimmung[84]. Auch der Bereich „Chancengleichheit von Männern und Frauen auf dem Arbeitsmarkt und Gleichbehandlung am Arbeitsplatz“ (lit. i) zählt dazu.

Regelungsmaterien der zweiten Kategorie sind hingegen nur bei Zustimmung aller Mitgliedstaaten im Rat unionsweit regelbar. Es gilt die Beschlussfassungsregel der „Einstimmigkeit“. Die Zustimmungsverweigerung nur eines Mitgliedstaates reicht aus, um die entsprechende sozialpolitische Rechtsetzung der Union zu blockieren. Zudem steht dem EU-Parlament lediglich ein Anhörungsrecht zu; damit ist der direkte Einfluss auf die Rechtsaktgestaltung bzw. Verabschiedung vertraglich ausgeschlossen.

Regelungsmaterien mit *beschränkt* supranationalem Charakter sind z.B.: „Soziale Sicherheit und sozialer Schutz der Arbeitnehmer“ (lit. c), „Schutz der Arbeitnehmer bei Beendigung des Arbeitsvertrages“ (lit. d) oder die in diesem Buch interessierende Materie „Vertretung und kollektive Wahrnehmung der Arbeitnehmer - und Arbeitgeberinteressen einschließlich der Mitbestimmung“ (lit. f).

Welche Bedeutung der Einstimmigkeitsregel im Rat zukommt, hat insbesondere die Verabschiedung des Maastricht-Vertrages von 1992 gezeigt. Aufgrund der geplanten sozialpolitischen Kompetenzausweitung - einschließlich verstärkter Anwendung des

---

83 *Rebhahn / Reiner*, in: Schwarze et al. (Hrsg.), EU-Kommentar, 2. Aufl., Art. 137 Rn. 36 EGV.

84 *Rebhahn / Reiner*, in: Schwarze et al. (Hrsg.), EU-Kommentar, 2. Aufl., Art. 137 Rn. 46 EGV; *Krebber*, in: Calliess / Ruffert (Hrsg.), EUV/EGV Kommentar, 3. Aufl., Art. 137 Rn. 25 EGV.

Mehrheitsprinzips im Rat - sah sich Großbritannien gezwungen, die Zustimmung zum gesamten Vertragswerk zu verweigern, um damit sicherzustellen, dass auch zukünftig im Rat - bis auf den Bereich des Arbeitsschutzes - die Einstimmigkeitsregel gilt[85]. Ohne Zustimmung Großbritanniens sollte auch weiterhin keine sozialpolitische Rechtsetzung möglich sein, die eventuell grundlegende Änderungen im britischen Arbeitsmarktsystem erforderte. Um Großbritannien die Zustimmung zu ermöglichen, wurden die sozialpolitischen Neuerungen aus dem geplanten Vertragswerk ausgegliedert und in das *„Abkommen über die Sozialpolitik"* überführt[86]. Man verständigte sich auf das *„Protokoll über die Sozialpolitik"* (SP), das dem Maastricht-Vertrag beigefügt wurde und festlegte, dass die Bestimmungen des Sozialabkommens lediglich für alle übrigen damaligen Mitgliedstaaten - außer eben Großbritannien - rechtsverbindlich waren [87]. Bis zur Eingliederung des Sozialabkommens in den Vertragstext von Amsterdam 1997, existierte damit im Bereich der EU-Sozialpolitik eine sog. „Politik der zwei Geschwindigkeiten" [88].

Die zweite wesentliche Kompetenzgrundlage im Sozialpolitiktitel ist Art 157 AEUV. Dieser dient als Ermächtigungsgrundlage zur unionsweiten Regelung der Geschlechtergleichstellung im Arbeitsleben. Konkret ist die Handlungsermächtigung in Abs. 3 des Art. 157 AEUV niedergelegt. Aufgrund der Verfahrensvorgabe des „ordentlichen Gesetzgebungsverfahrens" und Nichtverneinung der nach Art. 16 Abs. 3 EUV als grundlegend für die Beschlussfassung des Rates anzunehmenden Regel der „qualifizierten Mehrheit", hat Art. 157 AEUV *echt* supranationalen Charakter. Wichtig ist dabei, dass Art. 157 AEUV die Möglichkeit bietet, die Begrenzung auf „Mindestvorschriften" im Bereich „Chancengleichheit und Gleichbehandlung von Männern und Frauen im Arbeitsmarkt und am Arbeitsplatz" aus Art. 153 Abs. 1 lit. i AEUV zu umgehen, indem hier z.B. Rechtsakte gewählt werden können mit zwingendem Charakter.

---

[85] *Haratsch et al.*, Europarecht, S. 494 Rn. 965; *Rebhahn / Reiner,* in: Schwarze et al. (Hrsg.), EU-Kommentar, 2. Aufl., Art. 136 Rn. 4 EGV.

[86] *Haratsch et al.*, Europarecht, S. 494 Rn. 965; *Rebhahn / Reiner,* in: Schwarze et al. (Hrsg.), EU-Kommentar, 2. Aufl., Art. 136 Rn. 4 EGV.

[87] *Haratsch et al.*, Europarecht, S. 494f. Rn. 965

[88] *Haratsch et al.*, Europarecht, S. 494 Rn. 965; *Däubler,* EuZW 1992, S. 329; *Weidenfeld,* Die Europäische Union, S. 30ff.; vgl. auch Art. 20 EUV.

b) Kompetenzausübungsschranken

Neben den dargelegten eher verfahrenstechnisch basierten Schranken bestehen in Art. 153 AEUV eine Reihe von Inhaltsschranken, die die Handlungsautonomie der Union einschränken wie z.B. die Rechtsetzungsbegrenzung auf „Mindestvorschriften" (Art. 153 Abs. 2 lit. b i.V.m. Abs. 4 AEUV). Von Bedeutung ist zudem der Überforderungsschutz für den Bereich der KMU (Art 153 Abs. 2 lit. b AEUV) und die eher allgemeinen Vorgaben, dass sozialpolitische Maßnahmen der Union grundlegenden Vertragszielen - wie z.B. hohes Beschäftigungsniveau (Art. 147 AEUV) oder Sicherung der Wettbewerbsfähigkeit in der EU (Art. 151 Abs. 2 AEUV) - nicht entgegenzuwirken haben. Auch der Einleitungssatz des Art. 153 AEUV, dass die Union zur Verwirklichung der sozialpolitischen Ziele aus Art. 151 AEUV die Mitgliedstaaten „unterstützt und ergänzt", hat handlungsbegrenzende Funktion. Allerdings ist diese Formulierung aufgrund der im Sozialpolitiktitel inzwischen zahlreich aufgeführten Regelungsmaterien und Schranken nicht mehr so auszulegen, dass der Union eine im Vergleich zu den Mitgliedstaaten grundlegend nachrangige sozialpolitische Kompetenz zukommt. Vielmehr ist die Formulierung dahingehend zu verstehen, dass auf Grundlage der regelbaren Rechtsmaterien eine unionsweite Gesamtreglung des Arbeitsrechts ausgeschlossen ist[89].

Aufgrund der „geteilten Zuständigkeiten" im Bereich der Sozialpolitik sind die allgemeinen Kompetenzschranken Subsidiarität und Verhältnismäßigkeit ebenfalls zu beachten. Allerdings, so *Rebhahn / Reiner*, stellen diese beiden Schranken wegen der zahlreichen Handlungsbegrenzungen im Sozialkapitel - gerade auch durch die Verankerung des Prinzips der „Mindestvorschriften" - nur noch geringe Hürden für ein rechtmäßiges Unionshandeln dar[90].

(aa) Mindestvorschriften

Konstitutiv für die EU-Sozialpolitik ist die in Art. 153 AEUV verankerte Begrenzung der Rechtsetzung auf „Mindestvorschriften". Der Begriff selbst findet sich in Abs. 2 lit. b des Art. 153 AEUV. Danach sind diejenigen Rechtsmaterien, die dem „ordentlichen Gesetzgebungsverfahren" unterliegen, unionsweit *nur* im Rahmen einer Mindestgesetzgebung regelbar. Indirekt und den ganzen arbeitspolitischen Kompe-

---

[89] *Rebhahn / Reiner,* in: Schwarze et al. (Hrsg.), EU-Kommentar, 2. Aufl., Art. 137 Rn. 72 EGV.
[90] *Rebhahn / Reiner,* in: Schwarze et al. (Hrsg.), EU-Kommentar, 2. Aufl., Art. 137 Rn. 70f. EGV.

tenzbereich der Union betreffend, findet sich die Begrenzung auf „Mindestvorschriften" auch in Abs. 4 Ts. 2 des 153 AEUV. Danach hindern Rechtsakte, die auf Grundlage des Art. 153 AEUV erlassen wurden, die Mitgliedstaaten nicht, „strengere Schutzmaßnahmen beizubehalten oder zu treffen", solange diese mit den Verträgen vereinbar sind. Der Terminus „Mindestvorschriften" hat aufgrund seiner Bedeutung als inhaltlicher Reverenzpunkt zu Vorschriften mit niedrigerem oder höherem Schutzgehalt vergleichenden Charakter. Nach h.M. ist daher unter „Mindestvorschriften", nicht das sozialpolitische Minimum im Sinn des „kleinsten gemeinsamen Nenners" zu verstehen[91].

Die rechtliche Funktion der Vorschrift besteht darin, dass es den Mitgliedstaaten weiterhin möglich sein soll, ein höheres Arbeitnehmerschutzniveau als es der Sekundärrechtsakt selbst vorgibt, aufrechtzuerhalten oder zu ermöglichen. Damit ist der Rechtsakt der Verordnung - gerade aufgrund seiner inhaltlichen Verbindlichkeit und unmittelbaren Wirkkraft - im Zusammenhang mit Art. 153 AEUV rechtlich eher nicht zu empfehlen (vgl. Art. 288 AEUV). Unproblematisch ist hingegen der Einsatz der Richtlinie, die im Ziel verbindlich ist, nicht aber hinsichtlich der konkreten Umsetzung und damit das Überschreiten des vorgegebenen Richtlinienziels durch „strengere Schutzmaßnahmen" im jeweiligen Mitgliedstaat rechtlich zulässt (vgl. Art. 288 AEUV).

Die politische Funktion der „Mindestbestimmungen" ist in der Gewährleistung zu sehen, dass einerseits weniger leistungsfähige Mitgliedstaaten mit niedrigem Arbeitnehmerschutzniveau durch sozialpolitische Unionsvorgaben nicht übergebühr belastet werden, andererseits die Mitgliedstaaten mit sehr hohem Arbeitnehmerschutz auch nicht gezwungen sind, diesen auf das Niveau des entsprechenden Sekundärrechtsaktes abzusenken[92]. In diesen Kontext ist auch die Vorgabe einzuordnen, dass Richtlinien, die auf Art. 153 AEUV basieren, im Rahmen des nationalen Rechts lediglich „schrittweise anzuwenden sind" (Art. 153 Abs. 2 lit. b AEUV). Großzügig bemessene Übergangsvorschriften hinsichtlich der vollständigen Umsetzung einer Richtlinie in nationales Recht, werden also zur Verhinderung der Überforderung weniger leistungsfähiger Staaten europarechtlich eingefordert.

Die Vorgabe, dass Rechtsvorschriften, die die Europäische Union im Bereich der Sozialpolitik erlässt, den Charakter von „Mindestbedingungen" haben, wird z.B. von

---

91 EuGH, Rs. C-84/94, Vereinigtes Königreich / Rat , Rn. 56.

92 *Rebhahn / Reiner,* in: Schwarze et al. (Hrsg.), EU-Kommentar, 2. Aufl., Art. 137 Rn. 68 EGV.

Weiss interpretiert als Sicherung der nationalstaatlichen „Gestaltungsfreiheit im Günstigkeitsbereich“[93]. Nach *Rebhahn / Reiner* enthält Abs. 4 des Art. 153 AEUV zwar den Gedanken des Günstigkeitsprinzips, da dieser jedoch von „strengeren Schutzmaßnahmen“ spricht und nicht von günstigeren Schutzmaßnahmen, ist Abs. 4 inhaltlich nicht gleichzusetzen mit dem Günstigkeitsprinzip, wie es beispielsweise im deutschen Arbeitsrecht verstanden wird[94]. So stehe hinsichtlich der Beurteilung, ob im Vergleich zur Richtlinie die nationale Maßnahme einen besseren Arbeitnehmerschutz verwirklicht, lediglich das Richtlinienziel im Vordergrund und nicht - wie im Fall des arbeitsrechtlichen Günstigkeitsprinzips üblich - der Standpunkt des „verständigen Arbeitnehmers“[95], der - wie das Beispiel „betrieblicher Bündnisse“ zeigt - nicht generell in einem höheren Schutzniveau eine Verbesserung des Arbeitnehmerschutzes sieht, sondern auch im Abbau von Schutzrechten zugunsten längerfristiger Arbeitsplatzsicherheit[96]. Das arbeitsrechtliche Günstigkeitsprinzip ist demnach nicht direkt vergleichbar mit dem in Art. 153 AEUV zum Ausdruck kommenden Günstigkeitsgedanken.

(bb) Kleine und mittlere Unternehmen

Art. 153 Abs. 2 lit. b AEUV bestimmt, dass sozialpolitische Richtlinien der Union „keine verwaltungsmäßigen, finanziellen oder rechtlichen Auflagen vorschreiben [dürfen], die der Gründung und Entwicklung von kleinen und mittleren Unternehmen entgegenstehen“. Die Klausel bezieht sich aufgrund der Stellung im Vertragstext (Art. 153 Abs. 2 lit. b Ts. 2 AEUV) direkt auf Regelungsgegenstände wie Arbeitsschutz, Arbeitsbedingungen, Arbeitnehmermitwirkung oder Gleichbehandlung am Arbeitsplatz und unterstreicht damit indirekt, dass Unionsregelungen in diesen Bereichen i.d.R. mit hohen Implementierungskosten verbunden sind, die gerade kleine und mittlere Unternehmen - weil üblicherweise mit geringer Ertragskraft und hoher Lohnquote - leicht überfordern können. Nach *Rebhahn / Reiner* zielt die Klausel aber nicht nur auf die unter Abs. 2 lit. b aufgeführten Regelungsgegenstände, sondern auf die Regelungsmaterien des Art. 153 AEUV insgesamt[97]. Will die Union folglich

---

93 *Weiss* (2007), in: Jürges et al., S. 207, 212.
94 *Rebhahn / Reiner*, in: Schwarze et al. (Hrsg.), EU-Kommentar, 2. Aufl., Art. 137 Rn. 62f. EGV.
95 *Rebhahn / Reiner*, in: Schwarze et al. (Hrsg.), EU-Kommentar, 2. Aufl., Art. 137 Rn. 63 EGV.
96 Vgl. dazu die Diskussion um ein neues Günstigkeitsverständnis im Arbeitsrecht, z.B. ablehnend *Lieb*, NZA 1994, S. 289ff.; *Schorn*, Zur Berücksichtigungsfähigkeit des Arbeitsplatzarguments beim Günstigkeitsvergleich - Das Günstigkeitsprinzip neuer Art, S. 1ff..
97 *Rebhahn / Reiner*, in: Schwarze et al. (Hrsg.), EU-Kommentar, 2. Aufl., Art. 137 Rn. 74 EGV.

sozialpolitisch tätig werden, ist für die Rechtmäßigkeit des Rechtsaktes mitentscheidend, ob auf die Belange der Klein- und Mittelbetriebe - z.B. in Form von KMU-Sonderregelungen - Rücksicht genommen wurde[98]. Gleichzeitig kann aus der KMU-Beschränkung aber nicht gefolgert werden, dass jede Unionsregelung, die finanzielle Belastungen für den Bereich der KMU impliziert, automatisch entsprechende Ausnahmeregelungen aufweisen muss[99]. Dies ist nur dann der Fall, wenn derartige Auflagen „der Gründung und Entwicklung" dieser Unternehmen „entgegenstehen", also existenzbedrohende Auswirkungen wahrscheinlich sind[100].

3. Bewertung und Schlussfolgerungen

Die Ausführungen zeigen, dass die Union auf dem Gebiet der Sozialpolitik im Bereich des Titels X. grundsätzlich berechtigt ist, auf die dort aufgeführten Regelungsmaterien gestaltend Einfluss zu nehmen und größtenteils unionsweit regeln kann. Damit ist die Union von den Mitgliedstaaten grundsätzlich in die Lage versetzt, die im Unionsvertrag verankerten allgemeinen und spezifischen sozialpolitischen Ziele zu verfolgen (vgl. Art. 3 Abs. 3 EUV i.V.m. Art. 151 Abs. 1 AEUV). Im Hinblick auf deren Verwirklichungschancen sind allerdings bei genauer Analyse der sozialpolitischen Kompetenzgrundlagen in Art. 153 AEUV und Art. 157 AEUV Fragezeichen angebracht.

Konstitutiv für das Sozialpolitikkapitel ist die in Art. 153 AEUV indirekt vorgenommene Zuteilung der vorhandenen Rechtsmaterien zu bestimmten Kategorien, die die Modalitäten der Kompetenzausübung festlegen. Neben Rechtsmaterien, die dem Zugriff der Union vollständig entzogen sind, existieren Materien für die die Union lediglich koordinierende Kompetenz besitzt und Materien, für die die Union entweder im Rahmen des besonderen oder ordentlichen Gesetzgebungsverfahrens Rechtsetzungskompetenzen innehat. Da im „besonderen Gesetzgebungsverfahren" die Beschlussregel der „Einstimmigkeit" im Rat gefordert ist, weisen lediglich diejenigen Rechtsmaterien *echt* supranationalen Charakter auf, die im Rahmen des „ordentlichen Gesetzgebungsverfahrens" (d.h. in Verbindung mit der „qualifizierten Mehrheit" im Rat) regelbar sind und können damit - gerade wegen ihrer damit im Vergleich höheren

---

[98] *Rebhahn / Reiner,* in: Schwarze et. al. (Hrsg.), EU-Kommentar, 2. Aufl., Art. 137 Rn. 73 EGV.
[99] *Rebhahn / Reiner,* in: Schwarze et al. (Hrsg.), EU-Kommentar, 2. Aufl., Art. 137 Rn. 74 EGV.
[100] *Rebhahn / Reiner,* in: Schwarze et al. (Hrsg.), EU-Kommentar, 2. Aufl., Art. 137 Rn. 74 EGV.

formalen Regelungswahrscheinlichkeit - als Triebkräfte der sozialen Dimension Europas eingeordnet werden.

Als hemmende Faktoren sind neben den allgemeinen Kompetenzausübungsschranken, besonders die spezifischen Schranken des Art. 153 AEUV zu nennen, die eine stark harmonisierende Entwicklung im Bereich der Sozialpolitik nicht erwarten lassen. Hemmend wirkt auch, dass im Rahmen des „ordentlichen Gesetzgebungsverfahrens" - z.B. aufgrund des Vetorechts des EU-Parlaments - die Möglichkeit besteht, dass ein von der Kommission eingebrachter sozialpolitisch geprägter Gesetzgebungsvorschlag entweder nur auf Basis des kleinsten gemeinsamen Nenners von Rat und EU-Parlament verabschiedet wird oder etwa komplett scheitert, wie z.B. das Gesetzgebungsverfahren der überarbeiteten Arbeitszeitrichtlinie 2003/88/EG im April 2009 eindrucksvoll zeigte[101]. Exemplarisch verweist dieses Negativbeispiel nicht nur auf die Problempunkte des zugrunde liegenden Gesetzgebungsprozesses selbst, sondern auch auf einen im EU-Vertrag verankerten Alternativansatz, der zur Weiterentwicklung der sozialen Dimension der Europäischen Union dienen könnte.

Dazu soll kurz auf den Hintergrund des Scheiterns der Arbeitszeitrichtlinie eingegangen werden: Aufgrund zahlreicher Veränderungen im Bereich der Arbeitszeitgestaltung sah sich die Kommission im Jahr 2004 veranlasst, die aus dem Jahr 1990 stammende Arbeitszeitrichtlinie 2003/88/EG den neuen Erfordernissen inhaltlich anzupassen und brachte einen entsprechenden Änderungsvorschlag als Gesetzesinitiative ein. Aufgrund inhaltlicher Differenzen konnte sich der Rat erst vier Jahre später auf einen Kompromissentwurf verständigen, der wiederum auf Seiten des EU-Parlaments nicht mehrheitsfähig war und abgelehnt wurde. Da auch die zweite Lesung ohne Ergebnis blieb, mündete das besagte Gesetzgebungsverfahren in den Vermittlungsausschuss - ohne Verhandlungsergebnis. Das Gesetzesvorhaben scheiterte damit im April 2009 endgültig. Schon im März 2010 legte die Kommission eine überarbeitete Richtlinienversion vor. Der wesentliche Unterschied im Vergleich zum ersten Anlauf war, dass jetzt die EU-Sozialpartner von ihrem Recht Gebrauch machten (vgl. Art. 154 Abs. 4 AEUV), das Rechtsetzungsverfahren im Rahmen des „Sozialen Dialogs" an sich zu ziehen, um bis September 2012 - im Rahmen einer EU-Sozialpartnervereinbarung gem. Art. 155 Abs. 1 AEUV - eine Einigung über die strittigen Punkte der Richtlinie zu erzielen[102].

---

[101] *Bonse*, Handelsblatt-online, 29.04.2009.

[102] *BDA*, Arbeitgeber aktuell, S.19f..

Diese europarechtlich gestützte Vorgehensweise repräsentiert damit den Ansatz von *Delors*, durch Verantwortungsteilung sozialpolitische Fortschritte in der Europäischen Union zu erzielen[103]. Aber nicht nur die Institution des „Sozialen Dialogs", auch eine Reihe in der jüngeren Vergangenheit erlassener sozialpolitischer Richtlinien zeigt, dass die Union gewillt ist, durch das Übertragen von Aushandlungs- und Beteiligungskompetenzen auf die Ebene der europäischen Arbeitsbeziehungen, sozialpolitische Fortschritte in der Europäischen Union zu erzielen. Welche Potentiale dieser primärrechtlich gestützte Ansatz für eine soziale Ausgestaltung der Wirtschafts- und Währungsunion hat, steht im Mittelpunkt der weiteren Ausführungen.

[103] *Delors,* Das neue Europa, S. 39.

IV. Europäische Sozialpolitik, Arbeitsbeziehungen und der Ansatz der Selbstregulierung

Die bisherige Analyse hat ergeben, dass im Bereich der EU-Sozialpolitik der Unionsgesetzgeber für eine Reihe von Materien Regelungskompetenzen besitzt, diese aber nur sehr restriktiv ausüben kann. Gleichzeitig zeigte das Beispiel der gescheiterten Arbeitszeitrichtlinie, dass im Bereich der EU-Sozialpolitik die Ebene der europäischen Arbeitsbeziehungen eine entscheidende Rolle spielen kann[104]. Im Folgenden steht daher die Funktionsweise und Bedeutung des „Sozialen Dialogs" - der Kerninstitution europäischer Arbeitsbeziehungen - im Mittelpunkt der Analyse. Es gilt dabei zu prüfen, inwiefern die EU-Sozialpartner als Triebkraft einer sozialen Dimension Europas fungieren können bzw. welche Potentiale und Schranken der Unionsvertrag diesbezüglich bereithält.

1. Europäische Sozialpartner

Die Gesamtheit der Austauschbeziehungen zwischen Kapital und Arbeit auf betrieblicher, überbetrieblicher, nationaler und transnationaler Ebene werden im Bereich der Wirtschafts- und Sozialwissenschaften als „Industrielle Beziehungen", „Arbeitsbeziehungen", „Konfliktpartnerschaft" oder den konsensualen Aspekt betonend als „Sozialpartnerschaft" definiert[105]. Unter den Begriff „Sozialpartner" werden i.d.R. Arbeitgeberverbände und Gewerkschaften subsumiert, die gemeinsam Kollektivvereinbarungen aushandeln und dabei das Ziel teilen, bestehende Interessengegensätze von Kapital und Arbeit durch Kooperation und nicht durch Konflikt zu lösen[106].
Der Terminus „Sozialpartner" wird nicht nur in der deutschen Tarifpraxis und öffentlichen Debatte, sondern auch auf Ebene der Europäischen Union bevorzugt, was u.a. abgeleitet werden kann aus dem von der Union für die Verbände der Arbeitnehmer und Arbeitgeber üblicherweise genutzten Begriff „Sozialpartner" und entsprechender Übersetzungen im Englischen („social partners") oder Französischen

[104] Weitere institutionalisierte Bereiche, in denen die EU-Sozialpartner eine zentrale Rolle spielen: Art. 300 AEUV (Wirtschafts- und Sozialausschuss), Art. 150 AEUV (Beschäftigungsausschuss), Art. 160 AEUV (Ausschuss für Sozialschutz) und Art. 163 AEUV (Sozialfondsverwaltung).
[105] *Müller-Jentsch,* Soziologie der Industriellen Beziehungen, S. 10.
[106] *Müller-Jentsch,* Soziologie der Industriellen Beziehungen, S. 34ff.; *Creifelds,* Rechtswörterbuch, S. 1055.

(„partenaires sociaux“)[107]. Der Terminus „Sozialpartner“ ist aber gleichzeitig nicht dahingehend auszulegen, dass konfliktorientierte Organisationen automatisch ausgeschlossen sind von der Möglichkeit, auf europäischer Ebene als Arbeitnehmer- oder Arbeitgeberorganisation anerkannt zu werden[108]. „Sozialpartner“ im Sinn des Unionsvertrages sind allgemein „Assoziationen von Arbeitnehmern oder von Arbeitgebern, die zumindest auch Arbeitsbedingungen beeinflussen wollen“[109]. Die EU-Kommission hat dazu Kriterien veröffentlicht, an Hand derer sie diejenigen Assoziationen identifiziert, die für sich in Anspruch nehmen können, als EU-Sozialpartner anerkannt zu werden und damit das Recht haben, von der Kommission in das sozialpolitische Gesetzgebungsverfahren einbezogen zu werden. Entsprechende Assoziationen müssen danach (1.) „branchenübergreifend, sektor- oder berufsspezifisch sein und über eine Struktur auf europäischer Ebene verfügen“, (2.) wiederum „aus Verbänden bestehen, die in ihrem Land integraler und anerkannter Bestandteil des Systems der Arbeitsbeziehungen sind, Vereinbarungen aushandeln können und soweit wie möglich alle Mitgliedstaaten vertreten“, (3.) „über die geeigneten Strukturen verfügen, um effektiv an dem Anhörungsprozess teilzunehmen“[110]. Ein weiteres notwendiges Merkmal ist darüber hinaus die Gegnerfreiheit, d.h. die einseitige Vertretung von Arbeitgeber- oder Arbeitnehmerinteressen in einem Verband[111]. Strittig ist hingegen der notwendige Repräsentativitätsgrad einer Organisation. Nach *Schiek* können auch nichtrepräsentative Organisationen Sozialpartner im Sinn des Unionsvertrages sein[112]. *Rebhahn* sieht hingegen generell die Erfordernis der Repräsentativität, um als Sozialpartner die Rechte aus Art. 154 AEUV und Art. 155 Abs. 2 Alt. 2 AEUV beanspruchen zu können; er ist aber auch der Ansicht, dass der notwendige Repräsentativitätsgrad - je nach Beteiligungsrecht und Einflussmöglichkeit - durchaus variieren kann[113].

---

[107] Vgl. z.B. KOM (2002), 341 endg. oder KOM (2004), 557 endg. und die entsprechenden engl. und franz. Textdokumente.
[108] *Kowanz,* Europäische Kollektivvertragsordnung, S. 161f..
[109] *Rebhahn,* in: Schwarze et al. (Hrsg.), EU-Kommentar, 2. Aufl., Art. 138 Rn. 6 EGV.
[110] KOM (1998), 322 endg. S. 6.
[111] *Rebhahn,* in: Schwarze et al. (Hrsg.), EU-Kommentar, 2. Aufl., Art. 138 Rn. 9 EGV.
[112] *Schiek,* in: Däubler (Hrsg.), Kommentar Tarifgesetzt, 2. Aufl., Einleitung Teil G, Rn. 765.
[113] *Rebhahn,* in: Schwarze et al. (Hrsg.), EU-Kommentar, 2. Aufl., Art. 138 Rn. 9 EGV.

Auf Basis der Kriterien eins bis drei sind von Kommissionsseite als europäische branchenübergreifende Arbeitnehmer- bzw. Arbeitgeberorganisationen anerkannt: (1.) der „Europäische Gewerkschaftsbund“ (EGB), (2.) die „Union der europäischen Industrie- und Arbeitgeberverbände“ (UNICE), die seit 2007 unter der Bezeichnung „BUSINESSEUROPE“ firmiert und (3.) der „Europäische Zentralverband der öffentlichen Wirtschaft“ (CEEP)[114]. Daneben finden sich eine Vielzahl rein branchenbezogener Arbeitgeber- und Arbeitnehmerverbände, die diese Kriterien ebenfalls erfüllen[115].

Hauptkennzeichen des EGB ist, dass dieser - wie der DGB - nach dem Prinzip der Einheitsgewerkschaft organisiert ist[116]. Der EGB vereinigt christliche, sozialdemokratische, kommunistische und unabhängige Gewerkschaftsdachverbände. Daneben gehören dem EGB sektorale Gewerkschaftsdachverbände an, beispielsweise der „Europäische Metallgewerkschaftsbund“ (EMB), dessen Mitglied wiederum die deutsche IG-Metall ist. Insgesamt repräsentiert der EGB rund 90 Prozent aller Arbeitnehmer in der Europäischen Union, die gewerkschaftlich organisiert sind[117]. Charakteristisch ist für EGB und BUSINESSEUROPE, dass diese neben Dachorganisationen der EU-Staaten auch Dachverbände aus Nicht-EU-Ländern vertreten wie z.B. aus Norwegen oder der Türkei[118]. Für BUSINESSEUROPE gilt zudem, dass Wirtschafts- und Arbeitgeberverbände - wie BDI und BDA - nebeneinander organisiert sind und sektorale Verbände nicht aufgenommen werden[119].

2. EU-Sozialpolitik und der Ansatz der Selbstregulierung

Spezifisch für den sozialpolitischen Bereich der Union ist der Begriff „Sozialdialog“. Rechtlich ist dieser zu differenzieren in den in Artt. 154, 155 AEUV institutionalisierten formellen „Sozialen Dialog“ und in den sog. informellen Sozialdialog ohne Verankerung im EU-Vertrag[120]. Der formelle „Soziale Dialog“ hat konzeptionell seinen Ursprung im *„Abkommen über die Sozialpolitik“*.

---

[114] KOM (2004), 557 endg. S. 24, Anlage 5.
[115] Vgl. dazu KOM (2004), 557 endg. S. 24f., Anlage 5.
[116] *Müller-Jentsch,* Soziologie der Industriellen Beziehungen, S. 325.
[117] Die „Leitenden Angestellten“ werden hingegen von den branchenübergreifenden Organisationen „Eurocadres“ und „CEC - European Managers“ vertreten, vgl. *Weiss* (2007), in: Jürges et al., S. 207, 214.
[118] *Müller-Jentsch,* Soziologie der Industriellen Beziehungen, S. 325ff..
[119] *Müller-Jentsch,* Soziologie der Industriellen Beziehungen, S. 328.
[120] *Waas,* ZESAR 2004, S. 443; *Rust,* in: von der Groeben / Schwarze (Hrsg.), EU-Kommentar, Bd. 3, 6. Aufl., Art. 138 Rn. 7 EG.

Die institutionelle Verankerung von Einflussmöglichkeiten auf den Entscheidungsprozess der Union besteht für die Arbeitgeber- und Arbeitnehmervertreter jedoch nicht erst seit dem Vertrag von Maastricht bzw. Amsterdam. Schon in den Gründungsverträgen war auf Basis des „Beratenden Ausschusses" (EGKS-Vertrag) und dessen Nachfolgeeinrichtung - dem „Wirtschafts- und Sozialausschuss" (Römische-Verträge) - die konsultative Beteiligung der Sozialpartner im Rahmen europäischer Entscheidungsverfahren institutionalisiert[121]. Neben der bis heute in Art. 300ff. AEUV normierten Beteiligung im Wirtschafts- und Sozialausschuss (WSA) entwickelte sich ab den frühen 1960er Jahren - z.T. auf Initiative der Kommission - eine Reihe formeller und informeller branchenspezifischer Dialogformen[122].

Als erste Variante eines branchenübergreifenden formellen Sozialdialogs gilt der 1970 eingerichtete „Ständige Ausschuß für Beschäftigungsfragen", indem neben Sozialpartner und Rat auch die EU-Kommission vertreten war[123]. Erst die von *Delors* am 31. Januar 1985 in Brüssel erstmals durchgeführten „Val-Duchesse-Gespräche" bildeten konzeptionell die direkte Vorstufe zum heutigen „Sozialen Dialog" und werden daher auch als der „traditionelle soziale Dialog" bezeichnet[124]. Kennzeichen war die regelmäßige Zusammenkunft der drei europäischen Dachverbände der Sozialpartner (EGB, UNICE, CEEP) mit der EU-Kommission. Im Vergleich zum „neue[n] soziale[n] Dialog" hatte dieser jedoch einen freiwilligen Charakter und war rechtlich unverbindlich[125].

Heute findet der formelle „Soziale Dialog" auch auf Branchenebene statt[126]. Dazu hat die Kommission 1998 die Einrichtung mehrerer sektorbezogener Ausschüsse beschlossen. Die Kommission bestimmt dabei nicht nur die Rahmenregelungen der Ausschussarbeit, sondern entscheidet auch über die Einrichtung eines Ausschusses[127]. Inzwischen existieren gut vierzig derartiger Einrichtungen. Dabei überwiegen die Bereiche des Dienstleistungssektors; industrielle Sektoren - wie z.B. Metall, Chemie oder IT - sind hingegen weniger vertreten[128].

---

[121] *Weidenfeld,* Die Europäische Union, S. 63; *Schäfer / Streeck* (2008), in: Höpner, S. 203, 206f..

[122] Im formellen Bereich firmierten diese Sozialdialoge unter dem Oberbegriff „Paritätische Ausschüsse", im informellen Bereich unter „Informelle Arbeitsgruppen", vgl. KOM (96), 448 endg. Rn. 28ff.; *Keller* (2005), in: Baum-Ceisig / Faber, S. 239, 240f..

[123] KOM (96), 448 endg. Rn. 43ff.; *Müller-Jentsch,* Soziologie der Industriellen Beziehungen, S. 331f..

[124] KOM (96), 448 endg. Rn. 3ff.; *Müller-Jentsch,* Soziologie der Industriellen Beziehungen, S. 332.

[125] KOM (96), 448 endg. Rn. 3ff.; *Müller-Jentsch,* Soziologie der Industriellen Beziehungen, S. 332.

[126] ABl. vom 20. Mai 1998, L 225/27; KOM (1998), 322 endg. S. 18 Tz. 5.4.

[127] *Weiss* (2007), in: Jürges et al., S. 207, 216.

[128] *Keller* (2005), in: Baum-Ceisig / Faber, S. 239, 247f..

a) Der Soziale Dialog

Wie im vorangegangenen Kapitel herausgearbeitet, erfolgt die Rechtsetzung im Sozialpolitiktitel gemäß Art. 153 AEUV im Rahmen des „ordentlichen Gesetzgebungsverfahrens" oder „besonderen Gesetzgebungsverfahrens". Ein sozialpolitischer Rechtsakt, der auf einem dieser beiden Rechtsetzungsverfahren gründet, ist unter Verfahrensgesichtspunkten aber nur dann rechtmäßig, wenn die EU-Kommission die im Sozialpolitiktitel verankerte „zweispurige Konzeption der Rechtsetzung" beachtet hat[129]. Der Sozialpolitiktitel beinhaltet nämlich neben dem *normalen* Normsetzungsverfahren unter Beteiligung des EU-Parlaments zusätzlich das Verfahren des „Sozialen Dialogs", das sich wiederum in einen obligatorischen zweistufigen Anhörungsteil (Art. 154 Abs. 2f. AEUV) und einen von den Sozialpartnern zu verantwortenden fakultativen Vereinbarungsteil - den „Sozialen Dialog" im engeren Sinn (Art. 155 AEUV) - aufteilen lässt. Im Mittelpunkt des fakultativen Verfahrens steht die auszuhandelnde „Sozialpartnervereinbarung", die den Rechtscharakter eines supranationalen schuldrechtlichen Kollektivvertrages besitzt, jedoch ohne verbindliche Drittwirkung[130].

(aa) Rechtsgrundlagen

Bei einem Unionsvorhaben im Rahmen des Art. 153 AEUV, verpflichtet Art. 154 Abs. 2 und 3 AEUV die Kommission zur Einleitung des „Sozialen Dialogs" mit einem zweistufigen Anhörungsverfahren. Auf der ersten Stufe (Abs. 2) steht die Frage des „Ob" der Maßnahme im Mittelpunkt, auf der zweiten Stufe (Abs. 3) hingegen das „Wie"[131]. Auf der ersten Anhörungsstufe hat die Kommission die Sozialpartner zur Frage der Relevanz und Ausrichtung eines von ihr geplanten Vorhabens anzuhören, die zweite Stufe dient dann den konkreten inhaltlichen Ausgestaltungsfragen.

Im Rahmen des Anhörungsverfahrens besitzen die Sozialpartner das Recht (Art. 154 Abs. 4 AEUV), das Kommissionsvorhaben an sich zu ziehen und gemäß Art. 155 AEUV autonom weiter zu verhandeln und innerhalb von neun Monaten ggf. eine entsprechende Sozialpartnervereinbarung zu verabschieden. Innerhalb dieses Verhandlungszeitraumes - den die Kommission verlängern kann - ist das von der

[129] *Schiek,* in: Däubler (Hrsg.), Kommentar Tarifgesetz, 2. Aufl., Einleitung Teil G, Rn. 752.
[130] *Schiek,* in: Däubler (Hrsg.), Kommentar Tarifgesetz, 2. Aufl., Einleitung Teil G, Rn. 745 u. Rn. 757; *Däubler,* EuZW 1992, S. 332f..
[131] *Waas,* ZESAR 2004, S. 445.

Kommission initiierte Rechtsetzungsverfahren gehemmt, d.h. die Kommission ist nicht befugt, ihren Vorschlag im Rahmen des *normalen* Gesetzgebungsverfahrens weiterzuverfolgen[132]. Kommt innerhalb der Fristenregelung keine Vereinbarung der Sozialpartner zustande, hat die Kommission das Recht, ihren Ursprungsvorschlag nach Art. 153 AEUV im Rahmen des *normalen* Rechtsetzungsverfahrens zu verwirklichen[133]. Gerade durch diese Fristenregelung besteht für die Sozialpartner der Anreiz zur Einigung, sofern diese eine autonom ausgehandelte Vereinbarung einem Kommissionsvorschlag vorziehen.

Liegt eine Sozialpartnervereinbarung vor, kann diese gemäß Art. 155 Abs. 2 AEUV auf zwei Wegen umgesetzt werden: „nach den jeweiligen Verfahren und Gepflogenheiten der Sozialpartner und der Mitgliedstaaten“ (Alt. 1) oder auf Basis eines gemeinsamen Antrages der Sozialpartner „durch [..] Beschluss des Rates auf Vorschlag der Kommission“ (Alt. 2). Im erstgenannten Fall erfolgt die Umsetzung der Vereinbarung nach den jeweiligen Regeln der nationalen Tarifrechtsysteme bzw. Sozialpartner[134]; die Umsetzung kann aber auch durch die Mitgliedstaaten selbst erfolgen, wobei diese dazu aber weder durch Unionsrecht noch durch eine Sozialpartnervereinbarung verpflichtet werden können[135]. Bei Alt. 2 erfolgt die Umsetzung durch Ratsbeschluss auf Basis der in Art 153 AEUV für die jeweilige Regelungsmaterie vorgesehenen Beschlussregel, d.h. der „Einstimmigkeit“ oder „qualifizierten Mehrheit“.

Daneben ist Art. 152 AEUV der dritte Artikel bzgl. des „Sozialen Dialogs“. Dieser hat aber eher Programmcharakter und verpflichtet die Union, die Funktion der EU-Sozialpartner zu achten sowie diese und den „Sozialen Dialog“ als eigenständige Institution zu fördern[136]. Nach *Rebhahn / Reiner* unterstreicht Art. 152 AEUV damit das Recht der EU-Sozialpartner, im Rahmen von Art. 155 Abs. 1 AEUV eigenständig Vereinbarungen zu schließen, d.h. auch ohne das Vorliegen eines offiziellen Kommissionsvorhabens[137].

---

[132] *Rebhahn,* in: Schwarze et al. (Hrsg.), EU-Kommentar, 2. Aufl., Art. 138 Rn. 10 EGV.
[133] *Rebhahn,* in: Schwarze et al. (Hrsg.), EU-Kommentar, 2. Aufl., Art. 138 Rn. 12 EGV.
[134] *Löwisch / Rieble,* Tarifvertragsgesetz-Kommentar, Grundlagen, S. 104 Rn. 391.
[135] *Löwisch / Rieble,* Tarifvertragsgesetz-Kommentar, Grundlagen, S. 104 Rn. 392;
Theiss, Die Durchführung europäischer Sozialpartnervereinbarungen auf nationaler Ebene, S. 138f..
[136] *Rebhahn / Reiner,* in: Schwarze et al. (Hrsg.), EU-Kommentar, 2. Aufl., Art. 136 Rn. 35 EGV.
[137] *Rebhahn / Reiner,* in: Schwarze et al. (Hrsg.), EU-Kommentar, 2. Aufl., Art. 136 Rn. 35 EGV.

(bb) Sozialpartnervereinbarung: Umsetzung durch Ratsbeschluss

Im Rahmen von Art. 155 Abs. 2 Alt. 2 AEUV gilt, dass der Rat nur dann einen Transformationsbeschluss beschließen kann, wenn ihm dazu von Kommissionsseite der entsprechende Rechtsaktvorschlag, der den Inhalt der Sozialpartnervereinbarung wiedergibt, vorgelegt wurde[138]. Entscheidend für die Weiterleitung einer Vereinbarung an den Rat, ist deren erfolgreiche Prüfung durch die Kommission. Prüfkriterien sind hierbei[139]: (1.) die Vereinbarkeit mit dem Unionsrecht, d.h. die Sozialpartnervereinbarung muss hinsichtlich der zu regelnden Materien den Anforderungen aus Art. 153 AEUV genügen. Dazu zählt besonders die Pflicht zu „Mindestvorschriften" bzw. der Ausschluss von Materien aus Art. 153 Abs. 5 AEUV[140], (2.) die Repräsentativität der beteiligten Sozialpartner und (3.) ob ein Mandat zum Abschluss derartiger Vereinbarungen vorliegt. Inhaltliche Abänderungen seitens der Kommission sind hingegen ausgeschlossen. Wäre dem nicht so, läge ein Eingriff in die inhaltliche Vereinbarungsautonomie der Sozialpartner vor[141] und würde zudem Art. 28 GR-Charta entgegenstehen, der das Recht auf Kollektivverhandlungen vor ungerechtfertigten Eingriffen seitens der Union schützt.

Inwieweit die Kommission verpflichtet ist, einen entsprechenden Antrag an den Rat weiterzuleiten, ist hingegen strittig. Nach h.M. hat die Kommission dabei freie Wahl[142]. D.h. sie muss einen Antrag - obwohl dieser die genannten Kriterien erfüllt - nicht an den Rat weiterleiten. Begründet wird diese Entscheidungsautonomie damit, dass die Kommission nicht durch außerhalb des EU-Vertrages stehende Kollektivorgane verpflichtet werden kann, ein Rechtsetzungsverfahren in Gang zu setzen[143]. Auch der Wortlaut „auf Vorschlag der Kommission" des Art. 155 Abs. 2 Alt. 2 AEUV wird dahingehend interpretiert, dass die Kommission frei ist in ihrer Entscheidung und damit die Weiterleitung an den Rat vom Ermessen der Kommission abhängt[144]. Die Kommission kann demnach einen Vorschlag machen, muss es aber nicht. Nach a.A. bedarf - bei festgestellter Rechtmäßigkeit des Antrages - eine Ablehnung durch die Kommission grundsätzlich einer Rechtfertigung bzw. darf die Kommission die

---

[138] *Rebhahn*, in: Schwarze et al. (Hrsg.), EU-Kommentar, 2. Aufl., Art. 139 Rn. 7 EGV.

[139] *Waas*, ZESAR 2004, S. 450.

[140] KOM (2004), 557 endg. S. 16 (Anhang II); *Waas*, ZESAR 2004, S. 450.

[141] *Schiek*, in: Däubler (Hrsg.), Kommentar Tarifgesetzt, 2. Aufl., Einleitung Teil G, Rn. 778.

[142] *Rebhahn*, in: Schwarze et al. (Hrsg.), EU-Kommentar, 2. Aufl., Art. 139 Rn. 7 EGV; *Theiss*, Die Durchführung europäischer Sozialpartnervereinbarungen auf nationaler Ebene, S. 121; *Waas*, ZESAR 2004, S. 450.

[143] *Eichenhofer*, in: Streinz (Hrsg.), EU-Kommentar, 2. Aufl., Art. 155 Rn. 18 AEUV.

[144] *Theiss*, Die Durchführung europäischer Sozialpartnervereinbarungen auf nationaler Ebene, S. 120f..

Weiterleitung nur bei entsprechenden Gründen verweigern[145]. Bezieht man sich zudem auf Sinn und Stellung des „Sozialen Dialogs" im Rechtsetzungsverfahren, ist eigentlich auch nicht ersichtlich, warum im Fall einer Sozialpartnervereinbarung, die alle von der Kommission aufgestellten Kriterien erfüllt, eine Rechtfertigungsverpflichtung für die Ablehnung der Weiterleitung an den Rat nicht bestehen sollte, da der „Soziale Dialog" ja gerade auch dazu dient, die sachnäheren Akteure stärker in die sozialpolitische Rechtsetzung der Union einzubinden und damit gleichsam dem im Unionsvertrag verankerten Gedanken der Subsidiarität Rechnung trägt.

Ist aber eine Weiterleitung an den Rat erfolgt, ist dieser ebenfalls nicht befugt inhaltliche Abänderungen vorzunehmen; er kann die Vereinbarung in Form des Kommissionsvorschlages lediglich annehmen oder ablehnen. Eine Annahmepflicht - und damit die generelle Verpflichtung einen entsprechenden Rechtsakt zu erlassen - existiert nicht[146]. Allerdings sehen *Löwisch / Rieble* für den Rat einen gewissen Umsetzungsdruck bzw. auch Rechtfertigungszwang bei Ablehnung einer von den Sozialpartnern gemeinsam verabschiedeten und europarechtlich vorgesehenen Sozialpartnervereinbarung, der zusätzlich aufgrund gegebener Verhandlungsparität im „Sozialen Dialog" eine Richtigkeitsgewähr zukommt[147]. Der Einfluss von sozialem Druck auf den Rat ist unter diesen Gesichtspunkten sicherlich nicht ausschließbar; dies dürfte hinsichtlich der Weiterleitung eines Sozialpartnerantrages dann aber auch für die EU-Kommission gelten[148]. *Löwisch / Rieble* unterlegen ihre Vermutung u.a. damit, dass bislang der Rat „ausnahmslos dem Antrag der Sozialpartner auf Durchführung einer Vereinbarung gefolgt [ist]"[149]. Dies kann, muss aber nicht für die These von *Löwisch / Rieble* sprechen. Aufgrund der besseren Sachnähe der EU-Sozialpartner kann die Umsetzungspraxis des Rates auch auf die i.d.R. damit einhergehende höhere inhaltliche Qualität der Vereinbarungen zurückzuführen sein.

Ist die Durchführung einer Sozialpartnervereinbarung im Rat aber beschlossen, dann wird diese als Sekundärrechtsakt der Union Bestandteil des Europarechts einschließlich der damit verbundenen unionsweiten Verbindlichkeit; d.h. auch für Dritte, die dem jeweiligen Geltungsbereich angehören[150]. Der Rechtscharakter des Transformati-

---

145 *Reufels,* in: Thüsing / Braun (Hrsg.), Tarifrecht-Handbuch, 13. Kap. Rn. 91.; Rebhahn, in: Schwarze et al. (Hrsg.), EU-Kommentar, 2. Aufl., Art. 139 Rn. 7 EGV; *Kowanz,* Europäische Kollektivvertragsordnung, S. 170f..

146 *Rebhahn,* in: Schwarze et al. (Hrsg.), EU-Kommentar, 2. Aufl., Art. 139 Rn 7 EGV.

147 *Löwisch / Rieble,* Tarifvertragsgesetz-Kommentar, Grundlagen, S. 109 Rn. 409f..

148 *Däubler,* EuZW 1992, S. 334.

149 *Löwisch / Rieble,* Tarifvertragsgesetz-Kommentar, Grundlagen, S. 109 Rn. 409f..

150 *Reufels,* in: Thüsing / Braun (Hrsg.), Tarifrecht-Handbuch, 13. Kap. Rn. 88.

onsbeschlusses ist aber durch die Wortwahl „Beschluss“ etwas ungenau. Nach Art. 288 AEUV ist der „Beschluss“ seit dem Lissabon-Vertrag ein offizieller Rechtsakt der Union. Dieser ist in allen Teilen verbindlich; bei Nennung bestimmter Adressaten jedoch nur für diese. Aufgrund des Verweises in Art. 155 Abs. 2 Alt. 2 AEUV auf den Art. 153 AEUV ist nach h.M. für den Transformationsbeschluss des Rates die Rechtsaktform der Richtlinie vorgegeben[151]; die Schranken des Art. 153 AEUV würden hiermit für Art. 155 Abs. 2 Alt. 2 AEUV gelten und folglich sei die Richtlinie als Handlungsinstrument zu verwenden[152]. *Reufels* argumentiert in diesem Kontext, dass der verwendete Begriff „Beschluss“ eher als Oberbegriff für die in Art. 288 AEUV aufgeführten Rechtsaktvarianten zu verstehen ist, ohne damit aber gleichzeitig alle dort aufgeführten Rechtsaktvarianten für Art. 155 Abs. 2 Alt. 2 AEUV nutzbar zu machen[153]. Vertreten wird diesbezüglich auch, dass gerade bei Materien, die dem „besonderen Gesetzgebungsverfahren“ unterliegen (mit lediglich der Anhörungspflicht des EU-Parlaments), die Beteiligung der Sozialpartner im Rahmen des „Sozialen Dialogs“ im Vergleich dazu eine höhere demokratische Legitimation für den zu beschließenden Rechtsakt impliziere und damit neben der Richtlinie - speziell für die Materien des Art. 153 Abs. 1 lit. c, d, f, und g AEUV - auch der Beschluss oder gar die Verordnung möglich sei[154]. Allerdings wird bei dieser Argumentation etwas außer Acht gelassen, dass im Bereich der EU-Sozialpolitik nach Art 153 AEUV lediglich „Mindestvorschriften“ zulässig sind[155]. Rechtsakte mit unmittelbarverbindlichem Charakter, wie der Beschluss oder die Verordnung (vgl. Art. 288 AEUV), haben vereinheitlichende Rechtswirkung und stehen damit dem Charakter der „Mindestvorschrift“ entgegen, deren Hauptmerkmal ja gerade die zulässige Abweichungsmöglichkeit zum besseren Arbeitnehmerschutz ist. Daher dürfte die Richtlinie - auch vor dem Hintergrund vertraglicher Kompetenzschranken (siehe z.B. Subsidiaritäts- und Verhältnismäßigkeitsgrundsatz) - die rechtlich einwandfreiere und mildeste Rechtsaktwahl darstellen (vgl. Art. 296 Abs. 1 AEUV).

Für den Fall, dass eine Sozialpartnervereinbarung von Kommission oder Rat abgelehnt wird, hat die Kommission die Wahl den Sozialpartnervorschlag in abgewandel-

---

[151] *Rebhahn*, in: Schwarze et al. (Hrsg.), EU-Kommentar, 2. Aufl., Art. 139 Rn. 4 EGV; *Eichenhofer*, in: Streinz (Hrsg.), EU-Kommentar, 2. Aufl., Art. 155 Rn. 21 AEUV; *Reufels*, in: Thüsing / Braun (Hrsg.), Tarifrecht-Handbuch, 13. Kap. Rn. 94.

[152] *Rebhahn*, in: Schwarze et al. (Hrsg.), EU-Kommentar, 2. Aufl., Art. 139 Rn. 4 EGV.

[153] *Reufels*, in: Thüsing / Braun (Hrsg.), Tarifrecht-Handbuch, 13. Kap. Rn. 92ff..

[154] *Schiek*, in: Däubler (Hrsg.), Kommentar Tarifgesetzt, 2. Aufl., Einleitung Teil G, Rn. 789; auch *Krebber*, in: Calliess / Ruffert (Hrsg.), EUV/EGV Kommentar, 3. Aufl., Art. 139 Rn. 29 EGV.

[155] *Löwisch / Rieble*, Tarifvertragsgesetz-Kommentar, Grundlagen, S. 113 Rn. 422.

ter Form neu in das Rechtsetzungsverfahren nach Art. 154 Abs. 2 AEUV einzubringen, eingeschlossen der nicht beeinflussbaren Möglichkeit der erneuten Ingangsetzung des Art. 155 AEUV durch die Sozialpartner; oder aber die Kommission verfolgt ihren ursprünglichen Rechtsetzungsvorschlag weiter, ohne dabei das Verfahren des „Sozialen Dialogs" nochmals anwenden zu müssen[156]. Die Nichtbeteiligung der EU-Sozialpartner ist in diesem Fall aber strittig, macht aber durchaus Sinn, wenn eine Instrumentalisierung des „Sozialen Dialogs" als Blockadeinstrument des *normalen* Gesetzgebungsverfahrens durch die Sozialpartner vermieden werden soll.[157].

(cc) Sozialpartnervereinbarung: Umsetzung durch die Sozialpartner

Eine weitere Möglichkeit zur Durchsetzung einer Sozialpartnervereinbarung bietet die Umsetzung durch die Sozialpartner selbst (vgl. Art. 155 Abs. 2 Alt. 1 AEUV). Zentral ist in diesem Kontext die Rechtsqualität der Vereinbarung. Bei Umsetzung einer Sozialpartnervereinbarung durch Ratsbeschluss, resultiert die unionsweite Rechtswirkung aus der damit einhergehenden Überführung in das Unionsrecht. Die Sozialpartnervereinbarung hat aber ohne diesen Transformationsakt aus sich heraus keine unionsweite Wirkkraft; lediglich eine schuldrechtliche Wirkung zwischen den am Abschluss beteiligten Vertragsparteien, ist nach h.M. derartigen Vereinbarungen beizumessen [158]. Eine allgemeine Verpflichtung der nationalen Sozialpartner zur Umsetzung einer transnationalen Kollektivvereinbarung besteht nicht [159]. In der Literatur existieren mehrere Modelle und Möglichkeiten, wie einer derartigen Sozialpartnervereinbarung nationale Rechtskraft verliehen werden könnte[160]. Dies soll aber an dieser Stelle nicht vertiefend behandelt werden. Auf die Variante des Statuskontraktmodells wird aber im Kontext des „optionalen Rechtsrahmens für Kollektivverhandlungen" (vgl. Kapitel V.) näher eingegangen.

(dd) Rechtsfragen

Das Verfahren des „Sozialen Dialogs" setzt sich schematisch aus insgesamt vier grundlegenden Teilprozessen zusammen, die wesentlich vom Handeln der Sozialpart-

---

[156] *Rebhahn,* in: Schwarze et al. (Hrsg.), EU-Kommentar, 2. Aufl., Art. 139 Rn. 9 EGV.
[157] *Rebhahn,* in: Schwarze et al. (Hrsg.), EU-Kommentar, 2. Aufl., Art. 139 Rn. 9 EGV.
[158] Wobei Kollektivverträge nicht generell eine schuldrechtliche Wirkung entfalten, wie z.B. die Rechtsqualität des Tarifvertrages in Großbritannien zeigt (gentlemen´s agreement), vgl. *Rebhahn,* in: Schwarze et al. (Hrsg.), EU-Kommentar, 2. Aufl., Art. 139 Rn. 13 EGV; *Waas,* ZESAR 2004, S. 447.
[159] *Waas,* ZESAR 2004, S. 449.
[160] Siehe z.B. *Reufels,* in: Thüsing (Hrsg.), Tarifrecht-Handbuch, 13. Kap., Rn. 97ff. EGV.

ner bestimmt sind. Im Einzelnen sind das: (1.) das Anhörungsverfahren (Art. 154 Abs. 2f. AEUV), (2.) die Entscheidung der Sozialpartner, ob sie das von der Kommission eingeleitete Normsetzungsverfahren übernehmen (Art. 154 Abs. 4 AEUV), (3.) die autonome Aushandlung der Sozialpartnervereinbarung (Art. 155 Abs. 1 AEUV) und (4.) die Entscheidung der Sozialpartner entweder ihre Vereinbarung autonom oder infolge eines Antrages durch Ratsbeschluss umzusetzen (Art. 155 Abs. 2 AEUV). Die zentrale Rolle, die den Sozialpartnern im Verfahren des „Sozialen Dialogs" zukommt, ist damit deutlich.

Obwohl der Begriff „Sozialpartner" u.a. in den Artt. 154, 155 AEUV verwendet wird, findet sich im Vertrag selbst keine direkte Definition des Begriffs und damit keine Prüfgrundlage für die Frage, wer auf Unionsebene die Sozialpartnereigenschaft erfüllt und ob damit gleichzeitig jedem, der als Sozialpartner anerkannt ist, das Recht zukommt, die aufgezählten Teilprozesse alle aktiv mitzugestalten. Im Mittelpunkt steht damit die Rechtsfrage, ob die Artt. 154, 155 AEUV ein subjektives Recht auf die Teilnahme an den einzelnen Teilprozessen des „Sozialen Dialogs" verleihen?

Erstmals Gegenstand vor dem EuG war diese Rechtsfrage im Fall der vom Rat am 3. Juni 1996 (auf Basis einer nach Art. 155 Abs. 2 Alt. 2 AEUV geschlossenen Rahmenvereinbarung der UNICE, CEEP und EGB) verabschiedeten Richtlinie über Elternurlaub (RL 96/34/EG) [161]. Kläger gegen den Rat war UEAPME, ein branchenübergreifender europäischer Dachverband, der die Interessen der KMU auf Ebene der Union vertritt. Klagehintergrund war, dass UEAPME zwar am Anhörungsverfahren der Kommission zum Vorhaben der Elternurlaub-Richtlinie beteiligt war, nicht jedoch beim Antrag auf Übernahme des Verfahrens durch die Sozialpartner, nicht bei der eigentlichen Verhandlung der Rahmenvereinbarung und auch nicht bei der Antragstellung auf Umsetzung durch Ratsbeschluss. UEAPME vertrat aber die Ansicht, dass ihr durch Art. 154f. AEUV ein „Recht auf Teilnahme an den Verhandlungen" zustünde und durch die Nichtteilnahme die Interessen ihrer Mitglieder in der Richtlinie nicht angemessen repräsentiert wären[162]. Daher beantragte UEAPME, die besagte Richtlinie gemäß Art. 173 EWG a.F. (jetzt Art. 263 AEUV) für nichtig zu erklären[163]. Auch wenn die Klage abgewiesen wurde, hat sie doch zur Klarstellung der oben aufgeworfenen Rechtsfragen beigetragen, wie sich im Folgenden zeigen wird.

---

[161] EuG, Rs. T-135/96, UEAPME / Rat, Rn. 1ff..
[162] EuG, Rs. T-135/96, UEAPME / Rat, Rn. 23 u. Rn. 33.
[163] EuG, Rs. T-135/96, UEAPME / Rat, Rn. 19.

(1) Partizipationsrechte

Festzuhalten ist für die Frage des Teilnahmerechts am Verfahren der Anhörung, dass nur diejenigen Assoziationen darauf ein Recht haben, die die von der Kommission genannten Kriterien der Sozialpartnereigenschaft erfüllen und entsprechend in den laufend überarbeiteten Mitteilungen der Kommission als anhörungsberechtigte Organisationen aufgeführt sind. *Weiss* macht aber auch darauf aufmerksam, dass die von der Kommission autonom bestimmten Kriterien nicht unumstritten sind und aufgrund der fehlenden Verankerung im EU-Vertrag dem Prinzip der Rechtsicherheit nur unzureichend genügen[164].

Der EuG führt in seiner Entscheidung zur Elternurlaub-Richtlinie zur Frage der Partizipationsrechte durch die Artt. 154, 155 AEUV zudem aus, dass das Anhörungsrecht gemäß Art. 154 Abs. 2f. AEUV - damit das Vorliegen der Sozialpartnereigenschaft - kein allgemeines Recht auf Teilnahme an den Verhandlungen des Art. 155 AEUV verleiht[165]. Lediglich das Recht den Prozess nach Art. 155 AEUV einzuleiten, obliegt grundsätzlich allen anhörungsberechtigten EU-Sozialpartnern[166]. Allerdings sind die am Anhörungsprozess Beteiligten gleichzeitig frei in der Entscheidung, welche Sozialpartner an der Ingangsetzung des Art. 155 AEUV beteiligt werden und wer an der eigentlichen Aushandlung der Sozialpartnervereinbarung und ggf. dem Antrag auf Transformation mitwirken soll, da „die Herrschaft über die eigentliche Verhandlungsphase ausschließlich bei den betreffenden Sozialpartnern und nicht bei der Kommission liegt“[167].

(2) Repräsentativität

Die Frage der Repräsentativität ist hingegen besonders im Bereich des Art. 155 Abs. 2 Alt. 2 AEUV relevant. Dies hat zwei Ursachen. Zum einen besteht durch die Institutionalisierung des „Sozialen Dialogs“ immer die Möglichkeit, dass das EU-Parlament durch Einbezug der EU-Sozialpartner in den Rechtsetzungsprozess substituiert wird, sobald diese ihre Vereinbarung durch Beschluss des Rates unionsweit durchsetzen können[168]. Zum anderen impliziert das erfolgreiche Durchsetzen einer Sozialpartnervereinbarung immer auch - zumal weder Kommission noch Rat im Vorfeld der

[164] *Weiss* (2008), in: Konzen et al., S. 957, 962.
[165] EuG, Rs. T-135/96, UEAPME / Rat, Rn. 75 u. Rn. 77.
[166] EuG, Rs. T-135/96, UEAPME / Rat, Rn. 78.
[167] EuG, Rs. T-135/96, UEAPME / Rat, Rn. 78f..
[168] *Weiss* (2008), in: Konzen et al., S. 957, 962; *Arnold,* NZA 2002, S. 1263f..

Verabschiedung befugt sind, inhaltliche Änderungen an der Vereinbarung vorzunehmen -, dass die Unterzeichner einer derartigen Vereinbarung indirekt Recht setzen für all diejenigen Unionsbürger, die in den Geltungsbereich der Vereinbarung fallen. Die Frage, die sich in diesem Zusammenhang daher unweigerlich stellt, ist die nach der Rechtfertigung bzw. Legitimation einer derartigen Substitutionsmöglichkeit bzw. Rechtsetzungsbefugnis.

Das Recht für andere rechtsetzend tätig zu werden, bedarf in einem System, das auf demokratischen Prinzipien beruht - wie die Europäischen Union (vgl. Art. 2 EUV) - der Legitimation. Im Zentrum steht die Frage, ob eine Rechtsetzungsermächtigung vorliegt, d.h. ein Grund für die Verbindlichkeit einer Rechtsnorm gegeben ist[169]. Dies ist der Fall, wenn (1.) die Handlungsermächtigung aufgrund einer Mitgliedschaft entsteht oder wenn (2.) die Ermächtigung auf einer entsprechenden Mehrheitsentscheidung des Volkes basiert[170]. In beiden Fällen ist ein Willensakt zur Übertragung von Handlungsrechten und der damit zusammenhängenden Bereitschaft zur Regelunterwerfung Voraussetzung.

Die Substitution des EU-Parlamentes durch die EU-Sozialpartner bei Transformation der Sozialpartnervereinbarung in EU-Recht impliziert aber, dass ein demokratisch gewähltes und damit von den Unionsbürgern direkt legitimiertes Unionsorgan durch nicht gewählte Kollektivorganisationen ersetzt wird. Dies widerspricht dem demokratischen Prinzip, nachdem die Völker die Ausübung von hoheitlicher Rechtsetzungsmacht durch repräsentative Parlamente kontrollieren[171]. Der EuG hat daher im Fall UEAPME / Rat auch argumentiert, dass die „Wahrung des demokratischen Prinzips“ es erfordert, dass die „Beteiligung der Völker [...] auf andere Weise sichergestellt wird“ und betont damit die Notwendigkeit repräsentativer EU-Sozialpartner, die aus ihrer breiten Legitimierungsbasis heraus berechtigt sind, über Art. 155 Abs. 2 Alt. 2 AEUV indirekt rechtsetzend zu wirken[172]. Die notwendige Repräsentativität der beteiligten Sozialpartner haben wiederum EU-Kommission und Rat zu prüfen[173]. Dafür reicht es nach Ansicht des EuG vollkommen aus, wenn hinsichtlich der Reichweite der Vereinbarung alle an der Vereinbarungsunterzeichnung beteiligten Sozialpartner das Kriterium der „Gesamtrepräsentativität“ aufweisen, also zusammen repräsenta-

---

169 *Schwarze,* RdA 2001, S. 212.
170 *Schwarze,* RdA 2001, S. 212.
171 *Arnold,* NZA 2002, S. 1266.
172 EuG, Rs. T-135/96, UEAPME / Rat, Rn. 89.
173 EuG, Rs. T-135/96, UEAPME / Rat, Rn. 89.

tiv sind und damit die Normunterworfenen „hinreichend“ vertreten[174]. Eine hinreichende „Gesamtrepräsentativität“ liegt vor, wenn die Unterzeichner in Bezug auf die Reichweite der Vereinbarung „alle [betroffenen] Gruppen von Unternehmen und Arbeitnehmern auf europäischer Ebene repräsentieren können“[175]. Nicht der Grad der Repräsentativität, d.h. die jeweils exakte Vertretungsquote („quantitative Repräsentativität“) ist primär entscheidend[176], sondern, dass die ex post Betroffenen grundsätzlich durch einen Verband repräsentiert werden[177]. Liegt diese „Gesamtrepräsentativität“ nicht vor, weil eine bestimmte Gruppe bzw. Branche aus dem Arbeitsleben überhaupt nicht vertreten wird, ist der Antrag auf Transformation der Sozialpartnervereinbarung abzulehnen[178]. Ist diese aber erfüllt, dann sieht der EuG das „demokratische Prinzip“ - trotz Substitution des EU-Parlaments - als gewahrt an[179]. Im Ergebnis rechtfertigt danach die „Gesamtrepräsentativität“ der beteiligten Sozialpartner die Substitution des EU-Parlaments. Die Legitimation erwächst damit aus der zu prüfenden Repräsentativität der EU-Sozialpartner[180].

Diese Argumentation des EuG ist aber nicht unumstritten. So gibt *Arnold* zu bedenken, indem er auf die Funktion von Assoziationen im Allgemeinen rekurriert, dass diese als reine Interessenvertreter fungieren und damit „immer nur einen Bruchteil aller Staatsbürger“ repräsentieren und nicht das europäische Volk insgesamt[181]. Auch sei problematisch, dass BUSINESSEUROPE und EGB neben Verbänden aus EU-Staaten auch Verbände aus Nicht-EU-Staaten vertreten und damit ein rechtsetzender Einfluss von Nichteuropäern auf das Rechtsystem der Union und seiner Bürger ausgehe[182]. Neben dem letztgenannten Einwand überzeugt vor allem der Hinweis, dass die Sozialpartnerverbände Interessenorganisationen darstellen und nicht - wie aus der Argumentation des EuG ableitbar ist - Repräsentanten aller am Arbeitsleben Beteiligter, also auch der Nichtorganisierten[183]. Die Argumentation des EuG basiert auf einer Gleichsetzung der Interessenlage aller am Arbeitsleben in Europa teilhabenden Arbeitnehmer und Arbeitgeber.

---

174 EuG, Rs. T-135/96, UEAPME / Rat, Rn. 90; *Schwarze,* RdA 2001, S. 210.
175 EuG, Rs. T-135/96, UEAPME / Rat, Rn. 94.
176 *Schwarze,* RdA 2001, S. 210f..
177 EuG, Rs. T-135/96, UEAPME / Rat, Rn. 94.
178 EuG, Rs. T-135/96, UEAPME / Rat, Rn. 94.
179 EuG, Rs. T-135/96, UEAPME / Rat, Rn. 90.
180 *Schwarze,* RdA 2001, S. 211.
181 *Arnold,* NZA 2002, S. 1266.
182 *Arnold,* NZA 2002, S. 1266.
183 EuG, Rs. T-135/96, UEAPME / Rat, Rn. 89; *Schwarze,* RdA 2001, S. 211.

Neben organisationstheoretischen Überlegungen, die i.d.R. Organisationen als Zusammenschlüsse rational handelnder Personen begreifen, die durch ihre Mitgliedschaft bestimmte Ziele verwirklichen wollen - wie z.B. im Arbeitsbereich die Verbesserung der Arbeitsbedingungen oder die Vermeidung von langwierigen Arbeitskämpfen[184] -, spricht besonders der europaweit niedrige Organisationsgrad der Arbeitnehmer und Arbeitgeber gegen das Argument der EU-Sozialpartner als Vertreter aller am Arbeitsleben Beteiligter[185]. So waren im Jahr 2005 in den europäischen Kernstaaten Frankreich, Deutschland und Italien nur 9 Prozent (Fr.), 22 Prozent (Dt.) und 34 Prozent (It.) der Beschäftigten gewerkschaftlich organisiert. Der Organisationsgrad der Arbeitgeber im Jahr 2006 betrug 78 Prozent (Fr.), 63 Prozent (Dt.) und 51 Prozent (It.), wobei diese relativ guten Werte in den mittel- und osteuropäischen Mitgliedsländern deutlich schlechter ausfallen[186]. Demzufolge ist es schwer, der EuG-Sichtweise zu folgen und EU-Sozialpartner auf Basis rein qualitativer Repräsentativitätsanforderungen als gleichwertigen Ersatz für die fehlende Beteiligung des EU-Parlaments im Verfahren des „Sozialen Dialogs“ anzuerkennen. Allerdings werden die benannten Defizite dadurch gemildert, dass für die unionsweite Umsetzung einer Sozialpartnervereinbarung der Transformationsbeschluss des indirekt demokratisch legitimierten Rates notwendig ist.

(ee) Bewertung

Die Institution des „Sozialen Dialogs“ sichert den europäischen Sozialpartnern im Bereich der EU-Sozialpolitik zwei grundlegende Rechte: (1.) das Recht auf Anhörung und (2.) das Recht, einen von der Kommission initiierten Normsetzungsprozess an sich zu ziehen und den entsprechenden Kommissionsvorschlag ohne deren Beteiligung inhaltlich weiter zu verhandeln und ggf. als Sozialpartnervereinbarung zu beschließen mit der Chance auf unionsweite Durchsetzung durch den Rat. Zudem besteht die Möglichkeit auch ohne das Vorliegen einer Kommissionsinitiative, Kollektivvereinbarungen auszuhandeln und ggf. (unionsweit) durchzusetzen.
Was die rechtliche Ausgestaltung anbelangt, konkurrieren damit im Bereich der EU-Sozialpolitik zwei Rechtsetzungsverfahren: Zum einen das im Unionsvertrag übliche Gesetzgebungsverfahren, in dessen Zentrum das „institutionelle Dreieck aus

---

184 *Abraham / Büschges,* Einführung in die Organisationssoziologie, S. 36.
185 *Schulten,* APuZ 2010, S. 37f..
186 *Schulten,* APuZ 2010, S. 37f..

EU-Kommission, Rat und EU-Parlament" steht und daher auch als Unionsmethode bezeichnet werden kann[187]; zum anderen das Verfahren des „Sozialen Dialogs". Verzichten die EU-Sozialpartner im Zuge der Anhörung auf ihr Recht, das Rechtsetzungsverfahren zu übernehmen, so erfolgt die Gesetzgebung im Rahmen der Unionsmethode. Entscheidend ist damit für die Frage, welches der beiden Verfahren zur Anwendung kommt, das Verhalten beider Sozialpartner. Unterstellt man auf Basis ökonomisch-soziologischer „Rational-Choice" Überlegungen[188], dass das Handeln von Akteuren nicht allein von sozialen und rechtlichen Normen, sondern auch von interessenbasierten und rationalen Aspekten beeinflusst wird, steht im Mittelpunkt der Frage, wann welches der beiden Verfahren zur Anwendung kommt, das Thema der Anreize. Wann ist es für einen bzw. für beide Sozialpartner vorteilhafter bzw. nutzenstiftender, einen Kommissionsvorschlag im Rahmen des „Sozialen Dialogs" gemeinsam auszuhandeln und wann nicht? Zwei Varianten sind denkbar:
(1.) Ein gemeinsamer Anreiz für die Sozialpartner besteht immer dann, wenn diese gemeinsam der Auffassung sind, dass im Rahmen der gegenseitigen Verhandlung eine im Vergleich zum Kommissionsvorschlag sachnähere und damit optimalere Kompromisslösung gefunden werden kann. Voraussetzung ist hierfür, dass der Kommissionsvorschlag aus Sicht der Sozialpartner - z.B. hinsichtlich bestimmter Verfahrensvorgaben oder Schwellenwerte - als wenig praxistauglich, zu bürokratisch oder als zu kostenintensiv bewertet wird und damit nicht nur von der Arbeitgeberseite, sondern auch von Seiten der Arbeitnehmer als wenig beschäftigungsfreundlich eingestuft wird[189]. (2.) Ein Kommissionsvorschlag, der hingegen überdurchschnittliche Vorteile für nur eine Seite der Sozialpartner beinhaltet, verringert unter rein rationalen Gesichtspunkten die Wahrscheinlichkeit eines gemeinsamen Antrages der Sozialpartner auf Übernahme der Verhandlungen erheblich, da eine Kompromisslösung immer denjenigen Verhandlungspartner schlechter stellen dürfte, der sich aufgrund des Kommissionsvorschlages im Vorteil sieht. Für beide Parteien bestehen also in dieser Variante entgegengesetzte Anreize: Zum einen der Anreiz sich durch eine Sozialpart-

[187] *Weidenfeld,* Die Europäische Union, S. 154.

[188] Der „Rational-Choice-Ansatz" dient der Erklärung und Prognose ökonomischer, soziologischer und politischer Makrophänomene, wobei im Zentrum die ökonomische Handlungstheorie steht. Danach handeln Akteure zielgerichtet und unter den bestehenden Handlungsrestriktionen - wie monetäre Knappheiten oder institutionelle Schranken - nutzenoptimierend; d.h. es besteht der Anreiz, ein bestimmtes Ziel unter den gegebenen Restriktionen bestmöglich zu erreichen. Dafür wird diejenige Handlungsalternative gewählt, die das beste Kosten-Nutzen-Verhältnis aufweist, vgl. dazu *Kunz,* Rational Choice, S. 10ff. u. S. 33ff..

[189] Vgl. z.B. die Begründung zur Verhandlungsaufnahme der zu überarbeitenden Elternurlaub-Richtlinie, *Schneider-Bodien,* BDA euro-info, S.10.

nervereinbarung besserzustellen als im Vergleich zur Kommissionslösung, zum anderen der Anreiz sich einer Sozialpartnervereinbarung zu verweigern, da die Wahrscheinlichkeit besteht, sich damit im Vergleich zur Kommissionslösung zu verschlechtern. Diejenige Verhandlungspartei, die die Kommissionslösung bevorzugt, muss jedoch im Fall der Materien des Art. 153 Abs. 2 lit. a, b, e, h, i EUV - da nur bei diesen Materien dem EU-Parlament ein Vetorecht zusteht - immer auch die dort vorliegenden Mehrheitsverhältnisse einkalkulieren. Je nachdem wie die parlamentarischen Mehrheitsverhältnisse aussehen bzw. eingeschätzt werden, kann es für diejenige Verhandlungspartei, die sich durch den Kommissionsvorschlag einen Mehrwert verspricht, gleichzeitig aber eine hohe und grundlegende Änderungswahrscheinlichkeit dieses Vorschlages durch das EU-Parlament zu ihren Lasten erwartet, u.U. strategisch besser sein, das Sozialpartnerverfahren gemeinsam nach Art. 154 Abs. 4 AEUV einzuleiten und dort zu versuchen, durch Einbringen zusätzlicher Verhandlungsgegenstände eine Kompromisslösung zu erreichen, die im Vergleich zur Änderungslösung des EU-Parlaments („third-best-Lösung") und des Kommissionsvorschlages („first-best-Lösung") eine im ökonomischen Sinn „second-best-Lösung" darstellt[190].

Insgesamt zeigen beide Varianten auf Basis rational eingestellter Sozialpartner, dass das Zustandekommen einer Sozialpartnervereinbarung - trotz rechtlicher Möglichkeit - nicht so wahrscheinlich ist, wie man aus normativer Perspektive vielleicht annehmen mag. Grundsätzlich handelt es sich im Bereich des „Sozialen Dialogs" um Verhandlungsakteure mit i.d.R. gegensätzlichen Interessen (Kapital vs. Arbeit), was das Vorliegen der ersten Verhandlungsvariante eher selten und die zweite Variante von einer Reihe zusätzlicher Faktoren abhängig macht. Diesen theoretischen Überlegungen entspricht zudem die *noch* überschaubare Anzahl gemeinsamer Vereinbarungen, die im „Sozialen Dialog" infolge einer Initiative der EU-Kommission geschlossen wurden[191]. Gemeinsame Interessen der Sozialpartner - damit die erhöhte Wahrscheinlichkeit für den Eintritt in Sozialpartnerverhandlungen - liegen immer dann vor, wenn die zu verhandelnden Materien eine Art „Win-win-Ergebnis" versprechen, die für die

[190] Eine „first-best Lösung" ist im ökonomischen Verständnis die bestmögliche Lösung, d.h. effizienteste Lösung. Eine „second-best Lösung" ist hingegen unter gegebenen Restriktionen, die im Fall der erstbesten Lösung nicht vorhanden sind, die bestmögliche Lösung; allerdings dann im Vergleich zur erstbesten Lösung nur die zweitbeste Lösung, vgl. dazu *Fritsch et al.*, Marktversagen und Wirtschaftspolitik, S. 69f.; *Dichtl / Issing*, Vahlens Großes Wirtschaftslexikon, Bd. 2, S. 2468.

[191] Dies sind insbesondere die Rahmenvereinbarungen zu Elternurlaub (1995 und 2009), Teilzeitarbeit (1997) und zu befristeten Arbeitsverhältnissen (1999) sowie die jeweiligen Richtlinien.

Arbeitnehmerseite die Arbeitsbedingungen verbessern und für die Arbeitgeberseite beitragen, Produktivitätsfortschritte zu erzielen und das Arbeitsangebot hinsichtlich Quantität und Qualität zu erhöhen. Daher standen bis dato vor allem Materien wie Gesundheitsschutz, Vereinbarkeit von Beruf und Familie, Chancengleichheit oder die Themen betriebliche Aus- und Weiterbildung, Beschäftigungsfähigkeit oder der Zugang zu Arbeit im Fokus des „Sozialen Dialogs“[192].
Aus Sicht der Sozialpartner hat der „Soziale Dialog“ aber einen entscheidenden Nachteil: Eine Sozialpartnervereinbarung, die eine unionsweite Wirkung entfalten soll und damit nach derzeitiger Rechtslage nicht effektiv auf Art. 155 Abs. 2 Alt. 1 AEUV gestützt werden kann, bedarf der Zustimmung des Rates bzw. der Kommission. Da jedoch weder Kommission noch Rat gezwungen sind, den Antrag der EU-Sozialpartner weiterzuleiten bzw. zu beschließen, verbleibt die sozialpolitische Ausgestaltung der Wirtschafts- und Währungsunion letztlich in den Händen der Union. Die Analyse macht damit deutlich, dass der „Soziale Dialog“ für die unionsweite Durchsetzung von Vorhaben nicht den Spielraum hat, den man durch die starke Stellung im Normsetzungsverfahren eigentlich erwartet. Der „Soziale Dialog“ fungiert in erster Linie als institutionelle Einrichtung, die den EU-Sozialpartnern aufgrund ihrer sachnäheren Kenntnislage die Möglichkeit einräumt, aktiv an der Ausarbeitung eines Gesetzgebungsvorhabens mitzuwirken. Damit verkörpert der „Soziale Dialog“ in gewisser Weise das im EU-Vertrag verankerte Prinzip der Subsidiarität. Die sachnäheren EU-Sozialpartner sollen das Recht besitzen, die für sie und ihre angeschlossenen Mitglieder relevanten sozialpolitischen Unionsvorhaben, eigenverantwortlich und praxisbezogen auszugestalten. Damit überträgt der Unionsvertrag den EU-Sozialpartnern die Kompetenz, sozialpolitische Unionsvorhaben selbst zu regulieren. Lediglich im Bereich der Umsetzung sind sie weiterhin auf die Mitwirkung der Unionsorgane angewiesen, zumindest wenn eine einheitliche unionsweite Umsetzung präferiert wird. Wesentlicher Unterschied zum europarechtlichen Subsidiaritätsprinzip ist daher auch, dass die Kompetenz der Umsetzung - soweit diese unionsweit einheitlich und verbindlich erfolgen soll - weiterhin der Union obliegt und nicht der Ebene der EU-Sozialpartner. Ein weiterer Unterschied ist, dass der Einbezug der sachnäheren Ebene von keiner Ermessensentscheidung der Union abhängt,

[192] Vgl. dazu z.B. die branchenübergreifenden Rahmenvereinbarungen „Telearbeit“ (2002), „Lebenslange Entwicklung von Kompetenzen und Qualifikationen“ (2002), „Stress am Arbeitsplatz“ (2004) oder vor allem „Inclusive Labour Markets“ (2010).

sondern automatisch zu erfolgen hat, sobald ein entsprechender Antrag der EU-Sozialpartner vorliegt.

Auch wenn die Entscheidung zur unionsweiten Umsetzung einer Sozialpartnervereinbarung im legitimierten Kompetenzbereich der Union verbleibt, ist am Verfahren des „Sozialen Dialogs“ aus demokratischer Sicht insgesamt problematisch, dass das EU-Parlament durch Ingangsetzen des „Sozialen Dialogs“ zu Gunsten korporatistischer Strukturen verdrängt wird. Auch wenn Art. 155 Abs. 2 S. 2 bestimmt, dass bei Vorliegen eines Antrages zur Umsetzung einer Sozialpartnervereinbarung das EU-Parlament zu unterrichten ist, kann dies das demokratische Defizit des Verfahrens insgesamt nicht mildern und ist - wie es *Weiss* formuliert - „eher Ausdruck des schlechten demokratischen Gewissens, als dass es bereits als ausreichende Kompensation angesehen werden könnte“[193]. Auch die EuG-Argumentation, dass das Vorliegen einer „Gesamtrepräsentativität“ der unterzeichnenden Sozialpartner die Substitution des EU-Parlaments rechtfertige und damit das „demokratische Prinzip“ gewahrt sei, kann aufgrund dem einseitigen Abstellen auf die „qualitative Repräsentativität“ nicht vollständig überzeugen.

Das EU-Parlament sollte daher im Rahmen des „Sozialen Dialogs“ gegenüber dem Rat aufgewertet werden, z.B. durch das Einräumen eines Zustimmungsvorbehaltes, um damit auch denjenigen, die die nicht organisierten Arbeitnehmer und Arbeitgeber im Parlament vertreten, ein Mitbestimmungsrecht einzuräumen. Bei Umsetzung dieses Vorschlages, wäre ein positiver Ratsbeschluss folglich nur dann rechtswirksam, wenn das EU-Parlament diesem auch zugestimmt hat. Ein m.E. gangbarer Weg zu mehr Demokratie in der Europäischen Union.

b) Prinzip der Verhandlungslösung

Neben der Stärkung des „Sozialen Dialogs“ favorisiert die EU-Kommission im Bereich der Sozialpolitik seit den 1990er Jahren das Konzept der „Verhandlungslösung“ (VL). Erstmals umgesetzt wurde diese Idee in der europäischen Betriebsräte-Richtlinie vom 22. September 1994[194]. In den darauf folgenden Jahren wurde die „Verhandlungslösung“ in weiteren Richtlinien als konstitutives Element institutionalisiert: so z.B. im Bereich der Europäischen Aktiengesellschaft (Societas Europaea -

[193] *Weiss* (2007), in: Jürges et al., S. 207, 215.

[194] RL 94/45/EG; Neufassung am 6.5.2009 durch RL 2009/38/EG, ABl. 2009 L 122/28.

SE)[195] oder im Bereich der Europäischen Genossenschaft (Societas Cooperativa Europaea - SCE)[196]. Ebenfalls dazu zählt die „Rahmenrichtlinie über die Unterrichtung und Anhörung der Arbeitnehmer", wobei diese das Prinzip in abgeschwächter Form repräsentiert[197].

(aa) Begriff

Der Terminus „Verhandlungslösung" wird in der Literatur nicht einheitlich gebraucht. Es existieren daneben eine Reihe weiterer Begrifflichkeiten, die ebenfalls für die dahinter stehende Konzeption stehen. Geläufig sind die Termini „Vereinbarungslösung", „verhandelte Mitbestimmung" oder „verhandelte Beteiligung"[198]. Die Bezeichnung „verhandelte Mitbestimmung" zielt jedoch zu sehr auf das betriebliche und unternehmensbezogene Mitbestimmungsrecht. Gegenstände einer „Verhandlungslösung" können jedoch den gesamten Bereich der Arbeitnehmerbeteiligung umfassen, also auch Materien der Bereiche Information und Mitwirkung. Daher wäre außerhalb des Bereichs der Mitbestimmung der Begriff der „verhandelten Beteiligung" als Überbegriff im Bereich der Arbeitnehmerbeteiligung passender. „Verhandlungslösung" und „Vereinbarungslösung" sind deckungsgleich und beziehen zudem Verhandlungsaspekte mit ein, die außerhalb der Arbeitnehmerbeteiligung liegen und sind damit als Überbegriff geeigneter als die beiden themenbezogeneren Termini.

(bb) Exkurs: Vielfalt der Arbeitsmarktordnungen

Auf Basis des aktuellen Entwicklungsstandes, ist die Europäische Union weder als Staatenbund noch als Bundesstaat zu charakterisieren. Das BVerfG hat daher in seiner Entscheidung zum Maastricht-Vertrag, von der Europäischen Union als einem „Staatenverbund" gesprochen[199]. Neben originär institutionellen Merkmalen ist für deren intermediäre Stellung zwischen Staatenbund und Bundesstaat vor allem die fehlende Kompetenzausstattung in zentralen Politikfeldern ausschlaggebend. Europa zeichnet sich demzufolge durch eine große Systemvielfalt in den Mitgliedstaaten aus. Besonders ausgeprägt ist diese Vielfalt im Bereich der nationalen Arbeitsmarktord-

---

[195] RL 2001/86/EG vom 8.10.2001, ABl. 2001 L 294/22.
[196] RL 2003/72/EG vom 22.7.2003, ABl. 2003 L 207/25.
[197] RL 2002/14/EG vom 11.3.2002, ABl. 2002 L 80/29; *Brors,* Das System der Arbeitnehmer-Beteiligungs-Richtlinien, S. 100.
[198] *Windbichler* (2007), in: Jürges et al., S. 282, 287ff.; *Blanke,* NZA 2006, S. 1307f.; *Köstler* (2002), in: Theisen / Wenz, S. 306ff.
[199] BVerfG 89, 155 (188) - Maastricht; vgl. auch *Weidenfeld,* Die Europäische Union, S. 16.

nungen, die wiederum Ergebnis langer politischer Auseinandersetzungen sind und damit identitätsstiftende Wirkung für große Bevölkerungsteile in den einzelnen Mitgliedstaaten erzeugen, was aber für Harmonisierungsvorhaben eher hinderlich als förderlich ist[200].

Auf Basis einer Reihe von Gemeinsamkeiten, lassen sich die verschiedenen europäischen Ordnungsmodelle des Arbeitsmarktes idealtypisch drei Ländergruppen zuordnen: (1.) dem romanisch-deutschen Modell, (2.) dem nordischen Modell und (3.) dem angelsächsischen Modell[201]. Das romanisch-deutsche Modell, dem neben Deutschland und den südeuropäischen Mitgliedstaaten auch Österreich oder die Benelux-Länder angehören, ist geprägt durch eine umfangreiche und in weiten Teilen verbindliche Regulierung des Arbeitsmarktes und Tarifvertragsystems. Beispielsweise sind Fragen zulässiger Materien oder der Rechtswirkung eines Tarifvertrages in der Regel gesetzlich festgeschrieben; eine Ausnahme hiervon bildet aber Italien, das kaum gesetzliche Regelungen im Hinblick auf Tarifverträge kennt[202]. Insgesamt kommt in diesem Modell dem Staat durch entsprechende Gesetzgebungstätigkeit die zentrale Gestaltungsfunktion zu. Ausgenommen ist lediglich der Bereich der Tarifautonomie. Dies gilt vornehmlich für Deutschland, Österreich oder Spanien[203]. In anderen Ländern dieser Gruppe beteiligt sich der Gesetzgeber meist indirekt an Kollektivverhandlungen, z.B. durch die Vorgabe von Lohnleitlinien oder der Pflicht Lohnverhandlungen auf Basis bestimmter Lohnobergrenzen zu führen[204].

Für das nordische Modell, dem die Mitgliedstaaten Schweden, Dänemark und Finnland angehören, ist im Bereich der institutionellen Ausgestaltung des Arbeitsmarktes die zentrale Stellung der Sozialpartner grundlegend. Meist basieren Arbeitsmarktregelungen auf korporatistischer Aushandlung zwischen Staat und Sozialpartnern oder sind das alleinige Ergebnis autonomer Vereinbarungen der Sozialpartner[205]. Dem Tarifvertrag kommt dabei eine zentrale Rolle zu; dieser regelt zentrale Aspekte des Arbeitsverhältnisses, wobei diesbezüglich eine eher abnehmende Tendenz zu beobachten ist[206]. Die rechtliche Ausgestaltung des Tarifvertragsystems durch den Gesetzgeber beschränkt sich meist auf zentrale Fragen und ist nicht vergleichbar mit

---

[200] *Pfetsch,* Die Europäische Union, S. 113f.; *Rhodes* (1998), in: Leibfried / Pierson, S. 100, 113.
[201] *Rhodes* (1998), in: Leibfried / Pierson, S. 100, 113ff.; *Keller,* ZfS 1995, S. 247.
[202] *Rebhahn,* EuZA 2010, S. 63.
[203] *Rebhahn,* EuZA 2010, S. 70.
[204] *Deinert,* ZfA 1999, S. 377.
[205] *Rhodes* (1998), in: Leibfried / Pierson, S. 100, 113ff..
[206] *Schmidt,* EuZA 2008, S. 204; *Rebhahn,* EuZA 2010, S. 74.

dem romanisch-deutschen Modell[207]. Insgesamt kommt dem Staat im nordischen Modell eine weit weniger gestaltende Funktion zu, als dies der Fall ist im romanisch-deutschen Modell. So obliegt z.B. die Organisation und Verwaltung der Arbeitslosenversicherung in Skandinavien i.d.R. den Gewerkschaften; ein staatliches Pflichtsystem existiert dann nicht, woraus sich z.T. in den nordischen Ländern der überdurchschnittlich hohe Organisationsgrad der Arbeitnehmer von über 70 Prozent zurückführen lässt[208].

Das angelsächsische Modell - mit den Ländern Großbritannien, Irland und einigen osteuropäischen Mitgliedsländern - ist gekennzeichnet durch ein niedriges arbeitsrechtliches Regulierungsniveau und der Betonung voluntaristischer Praktiken, woraus einerseits eine hohe Arbeitsmarktflexibilität und niedrige Langzeitarbeitslosigkeit resultieren, andererseits aber auch ein niedrigeres Niveau in Bezug auf Entlohnung, Qualifikation und sozialer Sicherheit[209]. Spezifisch für Großbritannien und Irland ist, dass Tarifverträge den unverbindlichen Status eines „gentlemen´s agreement" besitzen, d.h. ein Tarifvertrag die abschließenden Parteien lediglich „ehrenhalber bindet", solange diese nicht ausdrücklich die gegenseitige Verbindlichkeit schriftlich festlegen[210]. Es besteht damit keine normative Wirkung des Tarifvertrages. Regelsysteme wie das deutsche BetrVG oder TVG existieren in diesen beiden Ländern nicht[211]. Insgesamt ist im angelsächsischen Modell das Tarifvertragsystem voluntaristisch und i.d.R. betrieblich geprägt[212]. Der Staat hat im Bereich der Arbeitsmarktgestaltung eher eine beobachtende als gestaltende Funktion.

Neben den unterschiedlichen Modellen im Bereich der Arbeitsmarktordnung lassen sich auch im spezifischeren Bereich der Industriellen Beziehungen mindestens zwei Modelle in den Mitgliedstaaten ausmachen. Teilweise wird für die südeuropäischen Länder auch ein drittes Modell vorgeschlagen, das man als pluralistisch beschreiben könnte und Elemente der beiden anderen Modelle aufweist[213]. Grundlegend sind jedoch für die Industriellen Beziehungen das „duale System" - z.B. in Deutschland, Österreich und den Benelux-Staaten - und das „monistische System der Interessenvertretung" - insbesondere in Großbritannien, Irland, Schweden oder in einigen osteuro-

---

[207] *Rebhahn,* EuZA 2010, S. 63.
[208] *Schulten,* APuZ 2010, S. 37f..
[209] *Keller,* ZfS 1995, S. 247; *Rhodes* (1998), in: Leibfried / Pierson, S. 100, 115.
[210] *Kowanz,* Europäische Kollektivvertragsordnung, S. 84; *Altmeyer,* AiB 2000, S. 668.
[211] *Klebe,* AiB 2000, S. 668.
[212] *Deinert,* ZfA 1999, S. 400.
[213] *Weiss,* NZA 2003, S. 177.

päischen Mitgliedstaaten[214]. Grundlegende Unterscheidungskriterien sind die Anzahl der Vertretungsebenen, der Grad der Verrechtlichung und die vorherrschende tarifvertragliche Abschlussebene[215].

Das duale System umfasst zwei voneinander getrennte Vertretungsebenen: die betriebliche und die überbetriebliche Ebene. Für beide gelten unterschiedliche Regelsysteme und Akteurskonstellationen und sind demzufolge in ihrer rechtlichen Stellung voneinander abgegrenzt[216]. Auf Betriebsebene agieren i.d.R. die von der Belegschaft gewählten Betriebsräte; Gewerkschaften und Arbeitgeberverbände handeln hingegen auf der überbetrieblichen Ebene. Der Verrechtlichungsgrad ist eher groß, die Kompetenzen der Betriebs- und Tarifparteien sind klar voneinander getrennt. Die tarifvertragliche Abschlussebene ist i.d.R. überbetrieblich und branchenbezogenen[217]. Firmentarifverträge sind weniger verbreitet, nehmen aber in ihrer Bedeutung stetig zu[218].

Das monistische System zeichnet sich durch die gewerkschaftliche Repräsentanz auf überbetrieblicher und betrieblicher Ebene aus[219]. Zwei voneinander getrennte Vertretungsebenen - mit Betriebsrat auf der einen und Gewerkschaften auf der anderen Ebene - existieren nicht. Betriebsgewerkschaften sind in diesem System das zentrale Vertretungsorgan der Belegschaft. So werden z.B. in Großbritannien die Arbeitnehmer im gewerblichen Bereich von sog. „shop stewards“ und im Angestelltenbereich von sog. „staff representatives“ vertreten, die i.d.R. aber nur von Gewerkschaftsmitgliedern wählbar sind[220]. Meist ist die Betriebsebene - wie etwa in Großbritannien, Irland, Polen oder Ungarn - die zentrale Verhandlungsebene für betriebliche wie tarifliche Materien; Firmen- und Unternehmenstarifverträge sind daher die Regel[221]. Insgesamt sind die inhaltlichen Verhandlungsspielräume in monistischen Systemen durch den geringen Verrechtlichungsgrad eher groß.

Deutlich wird an Hand dieses kurzen Überblicks - der keinen Anspruch auf Vollständigkeit erhebt -, dass die Gestaltungsvielfalt im Bereich der Arbeitsmarktordnungen und Industriellen Beziehungen innerhalb der Mitgliedstaaten der Europäischen Union recht umfangreich ist. Nicht verwunderlich ist es daher, dass die ursprünglichen

---

[214] *Deinert,* ZfA 1999, S. 394ff..
[215] *Hirsch-Kreinsen,* Wirtschafts- und Industriesoziologie, S. 149.
[216] *Hirsch-Kreinsen,* Wirtschafts- und Industriesoziologie, S. 132; *Deinert,* ZfA 1999, S. 395f.
[217] *Hirsch-Kreinsen,* Wirtschafts- und Industriesoziologie, S. 149.
[218] Für die Situation in Deutschland vgl. z.B. *Kohaut / Ellguth,* IAB-Kurzbericht 2008, S. 2f..
[219] *Hirsch-Kreinsen,* Wirtschafts- und Industriesoziologie, S. 149.
[220] *Klebe,* AiB 2000, S. 666; *Deinert,* ZfA 1999, S. 391f..
[221] *Rebhahn,* EuZA 2010, S. 67.

Kommissionsbestrebungen - durch harmonisierende EU-Rechtsakte schrittweise eine Konvergenz der europäischen Arbeitsmarktsysteme zu erreichen - wenig Erfolg hatten, da dieses Ziel voraussetzte, dass sich die einzelnen Regierungsvertreter im Rat auf ein bestimmtes System hätten festlegen müssen und damit bereit gewesen wären, auch schwerwiegende Systemveränderungen im eigenen Land vorzunehmen, d.h. beispielsweise das vorherrschende restriktive romanisch-deutsche Modell, nach dem Leitbild des voluntaristisch angelsächsischen Systems schrittweise umzubauen. Dementsprechend ist eine Reihe von Vorhaben der Kommission - gerade im Bereich der Arbeitnehmermitwirkung - durch Nichtzustimmung im Rat gescheitert.

Die Kommission sah sich daher gezwungen, um trotzdem sozialpolitische Fortschritte erzielen zu können, in der Konzeption und Ausgestaltung zukünftiger sozialpolitischer Rechtsakte neue Wege einzuschlagen. Von Kommissionsseite hieß es dazu dann auch: „Die Kommission ist der Auffassung, daß die seit langen Jahren anhaltende Blockierung ihrer Vorschläge im Rat, die dem Image der Europäischen Union [...] sehr abträglich ist, aufgehoben werden muß“[222]. Die erfolgreiche Annahme der EBR-RL am 22. September 1994 und das darin enthaltene Konzept der „Verhandlungslösung“ repräsentierten dann diesen neuen sozialpolitischen Weg der EU-Kommission.

(cc) Konzeptionelle Grundlagen

Das Konzept der „Verhandlungslösung“ wird durch seinen prozeduralen Charakter bestimmt. Nicht substantielle Regelungen, die detaillierte und zwingende Vorgaben hinsichtlich eines bestimmten Verfahrens oder zur Ausgestaltung eines einzurichtenden Organs machen, sind Bestandteil eines Rechtsaktes mit dieser Konzeption - vielmehr ist es die Verfahrensstruktur, die vorgegeben ist; also der Handlungsrahmen innerhalb dessen sich die Akteure im Verhandlungsweg auf eine für ihren spezifischen Kontext zugeschnittene Regelung verständigen können[223]. Prozedurale Vorgaben, die letztlich der Selbstregulieren dienen, gehen damit statischen Vorgaben vor. Nicht die Europäische Union in Form ihrer Organe, sondern eine sachkundigere Ebene soll innerhalb eines vorgegebenen Rahmens entscheiden, wie verbindliche Ziele, die die Union gemeinschaftsweit verwirklichen will, konkret umgesetzt werden. Die Parallele zum „Sozialen Dialog“ ist damit erkennbar. Aus rechtlicher Perspektive bestehen jedoch keinerlei Gemeinsamkeiten. Der „Soziale Dialog“ ist im Unionsvertrag

---

[222] KOM (95), 547 endg. Rn. 7 S. 6.
[223] *Weiss* (2007), in: Jürges et al., S. 207, 220.

primärrechtlich verankert, verleiht substantielle Rechte und bildet insgesamt ein institutionalisiertes Rechtsetzungsverfahren ab. Das Konzept der VL bietet hingegen ein optionales Konstruktionsprinzip für Unionsrechtsakte. Eine Rechtsgrundlage, die das Anwenden der Konzeption für bestimmte Sachverhalte vorgibt, existiert (noch) nicht.

Die Konzeption der VL besteht im Kern aus vier Bausteinen. Dazu zählen (1.) das „besondere Verhandlungsgremium" (BVG), (2.) ein obligatorischer Verhandlungskatalog, (3.) die „Auffanglösung" für den Fall des Scheiterns von Verhandlungen und (4.) die Vorgabe allgemeiner Verhandlungsgrundsätze. Daneben existieren z.T. Vorgaben wie Anwendungsschwellen oder Ausnahmetatbestände als auch Bestimmungen hinsichtlich der mitgliedstaatlichen Durchführung und Durchsetzung des Rechtsaktes[224]. Die Grundstruktur der Verhandlungskonzeption bilden aber die Elemente eins bis vier; und diese Struktur findet sich primär in der EBR-RL und in den davon abgeleiteten Richtlinien zur Arbeitnehmerbeteiligung im Fall der SE oder SCE[225].

(1) Verhandlungsgremium

Da das Konzept der VL bisher ausschließlich im Rahmen von Richtlinien zur Arbeitnehmerbeteiligung umgesetzt wurde, bestand die Funktion des BVG in erster Linie darin, einen EBR, SE-BR oder ein vergleichbares Verfahren zur Unterrichtung und Anhörung zu institutionalisieren. Im Folgenden wird daher auf Basis dieser Richtlinien versucht, allgemeine Aussagen zur Konzeption der VL zu treffen.

Zentraler Baustein des Konzepts der VL ist das BVG, das für die Arbeitnehmervertreter auf deren Antrag von Seiten der Unternehmensleitung einzurichten ist oder von der Arbeitgeberseite obligatorisch zu erfolgen hat, sobald diese den Plan fasst eine SE zu gründen[226]. Ziel des BVG ist es, gemeinsam mit der Arbeitgeberseite situationsgerechte Vereinbarungen hinsichtlich der Einrichtung unionsrechtlich vorgegebener Organe oder Verfahren auszuhandeln und die Verhandlungsergebnisse in einem entsprechenden Vertragsstatut - der Beteiligungsvereinbarung - schriftlich niederzulegen, das dann die rechtliche Grundlage bildet für die zukünftige Verfahrensanwendung oder Funktionsweise des dann eingerichteten Organs. Hinsichtlich der Rechtsqualität der Vereinbarung wird überwiegend die Ansicht vertreten, dass diese den Rechtscharakter

---

[224] Vgl. dazu vor allem *Brors* (2005), Das System der Arbeitnehmer-Beteiligungs-Richtlinien, S. 63ff., S. 162ff. u. S. 171ff..

[225] Vgl. ABl. 2009 L 122/28, ABl. 2001 L 294/22 und ABl. 2003 L 207/25.

[226] Vgl. Art. 5 Abs. 1f. der RL 2009/38/EG und Art. 3 Abs. 1f. der RL 2001/86/EG.

eines „Kollektivvertrag[s] *sui generis* mit normativer Wirkung“ gegenüber des dort aufgeführten Adressatenkreises besitzt, da die Beteiligungsvereinbarung für das einzurichtende Vertretungsorgan - und damit der Nicht-Vertragspartei - Rechte und Pflichten begründe[227]. Für *Weiss* ist die Rechtsqualität hingegen noch „völlig unklar“[228]. Ob und inwieweit einer Beteiligungsvereinbarung normative Wirkkraft zukommt, ist seiner Ansicht noch nicht abschließend geklärt. Aufgrund von Sinn und Zweck einer Beteiligungsvereinbarung ist aber ersterer Einschätzung eher zuzustimmen, da ohne deren normative Wirkung das Unionsziel, bestimmte funktionsfähige Verfahren oder Organe europaweit einzurichten, nicht vollständig verwirklicht werden könnte, wenn die jeweiligen Vereinbarungsergebnisse primär nur die temporären Teilnehmer des BVG bänden.

Unabhängig davon, garantiert der Arbeitnehmerseite die Arbeitgeberverpflichtung ein BVG oder ein entsprechendes Anhörungs- und Unterrichtungsverfahren einzurichten - also bei Vorliegen eines Arbeitnehmerantrages, bei Einrichtung einer SE / SCE oder im Fall von Verschmelzungsplänen -, den Anspruch auf Verhandlung und damit das Recht, unmittelbaren Einfluss auf die Ausgestaltung der einzurichtenden Organe oder Verfahren zu nehmen[229]. Hinsichtlich der Einrichtung eines BVG existieren damit zwei Möglichkeiten: Entweder fällt das „Ob“ der Einrichtung in die Disposition der Verhandlungsparteien oder aber ist bei Vorliegen bestimmter Tatbestände für die Arbeitgeberseite zwingend[230].

Im Kontext der Einrichtung eines BVG werden von Unionsseite lediglich im Bereich der Mitgliederauswahl und dessen struktureller Zusammensetzung verbindliche Vorgaben gemacht[231]. Ist ein BVG eingerichtet, sieht die Konzeption der VL bestimmte Gegenstände vor, die das temporäre Verhandlungsgremium mit der zentralen Unternehmensleitung (zUL) inhaltlich auszuhandeln hat[232]. Die Ergebnisse dieser Verhandlungen sind schriftlich niederzulegen (z.B. Art. 5 Abs. 3 EBR-RL). Durch die Vorgabe bestimmter Verhandlungsgegenstände stellt die Konzeption der VL sicher, dass bestimmte Materien obligatorischer Bestandteil eines einzurichtenden Organs bzw. Verfahrens sind, ohne gleichzeitig selbst substantielle Vorgaben zur inhaltlichen Ausgestaltung dieser Materien zu machen. Im Fall der EBR-RL sind z.B. nach Art. 6

[227] *Forst,* ZESAR 2009, S. 472; speziell für das EBRG: *Däubler* (1998), in: Schlachter, S. 95, 101ff..
[228] *Weiss,* NZA 2003, S. 180.
[229] *Schmidt* (2005), in: Höland et al., S. 165, 167.
[230] *Brors,* Das System der Arbeitnehmer-Beteiligungs-Richtlinien, S. 112.
[231] Vgl. z.B. Art. 5 Abs. 2 lit. a, b der RL 2009/38/EG oder Art. 3 Abs. 2 lit. a, b der RL 2001/86/EG.
[232] *Weiss* (2008), in: Konzen, S. 957, 968f..

die Mitgliederanzahl, Mandatsdauer oder die strukturelle Zusammensetzung des Vertretungsorgans EBR zu verhandeln und in der Vereinbarungslösung zu dokumentieren. Auch Fragen wie Ort, Häufigkeit und Dauer der Sitzungen des EBR, Fragen zum Umfang der bereitzustellenden finanziellen und materiellen Mittel eines EBR oder die Geltungsdauer des Verhandlungsstatuts sind autonom auszuhandeln und unterliegen damit dem Verhandlungsgeschick der beteiligten Parteien. Möglich ist zudem - da in der EBR-Richtlinie nicht explizit verneint (vgl. auch Art. 6 Abs. 2 EBR-RL) -, dass sich beide Verhandlungsseiten darauf einigen, dem EBR zu bestimmten transnationalen Themen Mitwirkungs- oder Mitbestimmungsrechte einzuräumen und damit die formale Grundlage schaffen für transnationale Unternehmensvereinbarungen mit der Arbeitgeberseite[233].

Das grundsätzlich Neue an der Verhandlungskonzeption ist damit, dass Rechtsakte, die inhaltlich nach dieser Konzeption aufgebaut sind, lediglich die im BVG auszuhandelnden Gegenstände verbindlich vorgeben (also „was" ist zu verhandeln), nicht aber die konkrete inhaltliche Ausgestaltung dieser Materien. Diese Aufgabe wird dem Autonomiebereich der Verhandlungsparteien überlassen und erzeugt damit im Ergebnis eine Vielzahl unterschiedlicher Verhandlungsstatute. Die Konstante bildet dabei allein der zu verhandelnde Gegenstand, was *Brors* zu dem Fazit kommen lässt, dass auch das Verhandlungsmodell nicht das optimalste Lösungskonzept darstellt, da damit die konzeptimmanente „Diversifikation der Problembewältigungsansätze" eher die Divergenz als Konvergenz der unterschiedlichen Systeme befördern würde[234]. Ob dem zuzustimmen ist, kann eigentlich nur auf Basis empirischer Untersuchungen zur Anwendungspraxis der „Verhandlungslösung" beantwortet werden. Theoretisch einzuwenden ist, dass die Vereinbarungsbandbreiten nicht so weit auseinanderliegen dürften, da in einem derartigen Fall für die subjektiv benachteiligte Verhandlungspartei immer der Anreiz gegeben ist, die Verhandlung scheitern zu lassen und der „Auffanglösung", dem zweiten zentralen Konzeptbaustein, Vorrang einzuräumen.

(2) Auffanglösung

Die „Auffanglösung" fungiert allgemein als Mindestvorschrift, die dann greift, wenn keine Vereinbarung zwischen den Verhandlungsparteien zustande kommt[235]. Damit enthält das Konzept der VL neben den auszuhandelnden Materien immer auch die

[233] *Schiek*, in: Däubler (Hrsg.), Kommentar Tarifgesetzt, 2. Aufl., Einleitung Teil G, Rn. 842ff..
[234] *Brors*, Das System der Arbeitnehmer-Beteiligungs-Richtlinien, S. 210.
[235] *Weiss* (2007), in: Jürges et al., S. 207, 220.

dazugehörigen „subsidiären Vorschriften", die inhaltlich ein bestimmtes Regelungsniveau des Gegenstandsbereichs festlegen[236].
Die „Auffanglösung" kann aber auch den Charakter des „Vorher-Nachher-Prinzips" aufweisen. Dann entspricht die „Auffanglösung" nicht den vom Unionsgesetzgeber ausgearbeiteten Mindestvorschriften, sondern hat Bestandsschutzcharakter: Das „Vorher-Nachher-Prinzip" findet sich daher in Richtlinien mit SE Bezug. Der Bestandsschutz dient dort im Fall der Fusion zu einer SE-Kapitalgesellschaft (bei gleichzeitiger Nichteinigung auf das dann neu anzuwendende Mitbestimmungsniveau) der Fortführung des bis dato höchsten Mitbestimmungsniveaus von einem in der neuen SE aufgegangenen Unternehmen[237]. Unternehmensfusionen sind folglich nicht nutzbar, um einseitig Mitbestimmungsstrukturen aufzulösen bzw. abzubauen.
Die „Auffanglösung" greift grundsätzlich bei folgenden Tatbeständen[238]: (1.) Beide Verhandlungspartner beschließen deren Anwendung freiwillig, (2.) die Arbeitgeberseite oder das BVG verweigert die Aufnahme von Verhandlungen bzw. bricht diese ab[239] und (3.) eine Vereinbarung kommt aufgrund unüberwindbarer Differenzen zwischen den Parteien nicht zustande, wobei z.T. Verhandlungszeiträume von bis zu drei Jahren (z.B. EBR-RL) eingeräumt sind[240].
Die „Auffanglösung" hat damit zwei zentrale Funktionen: (1.) Sie fungiert als Druckmittel zur Einigung und hat damit den Effekt einer rechtsökonomischen „penalty default rule"[241]. Der Anreiz zur Einigung besteht gerade für diejenige Verhandlungsseite, die sich durch eine Vereinbarungslösung - zumindest in bestimmten Bereichen - besser stellen könnte als im Fall der nicht präferierten „Auffanglösung". Die Kompromissbereitschaft dieser Seite zugunsten des Verhandlungspartners dürfte daher groß sein; zumindest solange, wie der in Aussicht stehende Verhandlungskompromiss vorteilhafter erscheint als die „Auffanglösung"[242]. (2.) Sie ist Voraussetzung, dass das Konzept der VL überhaupt funktioniert. Bestünde die „Auffanglösung" nämlich nicht, entfiele der davon ausgehende Einigungszwang und damit die flächendeckende Zielverwirklichung des entsprechenden Unionsrechtsaktes.

[236] Vgl. z.B. Art. 7 Abs. 1 der RL 2009/38/EG.
[237] *Weiss* (2007), in: Jürges et al., S. 207, 223f..
[238] Vgl. dazu z.B. RL 2009/38/EG und RL 2001/86/EG.
[239] Vgl. Art. 3 Abs. 6 der RL 2001/86/EG.
[240] Vgl. Art. 7 Abs. 1 der RL 2009/38/EG.
[241] *Windbichler* (2007), in: Jürges et al., S. 282, 294; *Weiss* (2007), in: Jürges et al., S. 207, 221.
[242] *Windbichler* (2007), in: Jürges et al., S. 282, 294.

Die Zielverwirklichung wäre damit allein vom Willen der Verhandlungsparteien abhängig. Vereinbarungslösungen dürften dann eher die Ausnahme als die Regel sein.

(3) Allgemeine Verhandlungsgrundsätze

Den dritten Konzeptbaustein bilden die allgemeinen Verhandlungsgrundsätze, die den Verhandlungspartnern u.a. Rechte und Pflichten zuweisen und damit die Rahmenmerkmale einer „Verhandlungslösung" bilden. Dies wären z.B. Geheimhaltungspflichten der Interna eines BVG, Schutzrechte für die am Verfahren teilnehmenden Arbeitnehmervertreter, der Grundsatz zur vertrauensvollen Zusammenarbeit, Rechtsweggarantien, Sanktionsmöglichkeiten oder auch Ausnahmetatbestände[243].

(dd) Einordnung und Bewertung

Insgesamt stellt die Konzeption der VL im Rahmen europäischer Rechtsaktgestaltung einen Paradigmenwechsel dar, der sich an folgenden vier Gegensatzpaaren gut veranschaulichen lässt: (1.) Prozeduralisierung an Stelle von inhaltlich detaillierten Normvorgaben, (2.) Autonomie statt Heteronomie, (3.) flexiblere und sachnähere Lösungen gegenüber starren Vorgaben und bürokratischen Detailregelungen und (4.) Vielfalt der Lösungen im Gegensatz zu Ergebnisuniformität[244].
Deutlich wird zudem, dass im Mittelpunkt der Verhandlungskonzeption die Verhandlungsautonomie der Akteure steht und damit die Thematik privatrechtlicher Selbstregulierung. Allerdings erfolgt diese hier nicht ohne, sondern gerade mit übergeordneter Einflussnahme. Damit weist m.E. die Konzeption der VL eindeutige Übereinstimmungen mit der Rechtskonzeption der „regulierten Selbstregulierung" aus dem deutschen Verwaltungsrecht auf[245]. Zum Beleg dieser These, wird im Folgenden das von *Hoffmann-Riem* entwickelte Konzept eingehender analysiert.

(1) Konzeption der „regulierten Selbstregulierung"

Nach *Hoffmann-Riem* existieren verschiedene Regulierungskonzeptionen, die sich auf einer Skala mit den beiden Endpunkten „hoheitlich-imperative Regulierung" und „private Selbstregulierung" einordnen lassen[246]. Die „hoheitlich-imperative Regulie-

[243] *Brors,* Das System der Arbeitnehmer-Beteiligungs-Richtlinien, S. 157ff..
[244] *Weiss* (2007), in: Jürges et al., S. 207, 222.
[245] Der Terminus „regulierte Selbstregulierung" geht primär auf den Rechtswissenschaftler und ehemaligen Richter am Bundesverfassungsgericht Wolfgang Hoffmann-Riem zurück, vgl. *Buck-Heeb / Dieckmann*, Selbstregulierung im Privatrecht, S. 35f..
[246] *Hoffmann-Riem,* Modernisierung von Recht und Justiz, S. 29.

rung“ repräsentiert dabei die klassische Variante staatlicher Regelsetzung, bei der sich die demokratisch legitimierte Handlungsmacht vollständig auf Seiten des Staates befindet[247]. Den Gegenpol dazu bildet die autonome bzw. „private Selbstregulierung“, die sich gerade durch die fehlende Einflussnahme des Staates auf die inhaltliche Gestaltung der Vertragsbestimmungen auszeichnet, zumindest solange diese nicht mit höherrangigen Rechtnormen kollidiert. Die Regelsetzung gründet hier auf dem gegenseitigen Willen der Vertragspartner[248]. Die Verbindlichkeit der Bestimmungen besteht lediglich für die vertragsschließenden Parteien selbst und Dritte, die sich freiwillig - z.B. durch Verbandsbeitritt - diesen Vertragsbestimmungen unterworfen haben[249]. Zwischen diesen beiden Polen existieren nach *Hoffmann-Riem* die „hoheitliche Regulierung mit selbstregulativen Elementen“ und die „hoheitlich regulierte Selbstregulierung“. Gemeinsam ist beiden Varianten, dass auf Seiten des Staates die Bereitschaft besteht, bestimmte Aufgaben und Ziele nicht eigenverantwortlich, sondern im Zusammenwirken mit anderen Akteuren gemeinsam zu verfolgen und damit eine „Verantwortungsteilung zwischen staatlichen und nichtstaatlichen Verantwortungsträgern“ herbeizuführen[250]. Dafür stellt der Staat einen rechtlichen Rahmen zur Organisation der Verantwortungsteilung zur Verfügung. Dieser wird in der Regel ergänzt durch Auffanglösungen für den Fall, dass die staatlich gesetzten Aufgaben und Ziele nicht erreicht bzw. umgesetzt werden können[251]. *Hoffmann-Riem* spricht in diesem Kontext daher von einem „Gewährleistungsstaat“, der zum großen Teil die Erfüllung öffentlicher Aufgaben und Ziele durch entsprechende Rahmengesetzgebung und Auffanglösungen sicherstellt, aber nicht mehr selbst für die Leistungserbringung bzw. Problemlösung im Sinn eines „Erfüllungs- und Interventionsstaates“ bereitsteht und damit befreit ist von detail- und problembezogener Rechtsetzungstätigkeit[252].

Hauptunterschied zwischen den beiden Varianten hoheitlich gesteuerter Selbstregulierung ist der durch die Rahmengesetzgebung festgelegte Autonomiegrad der eingebundenen Handlungsakteure. Dieser ist im Fall der „hoheitlichen Regulierung mit selbstregulativen Elementen“ wesentlich geringer als im Fall „hoheitlich regulierter

---

[247] *Hoffmann-Riem,* Modernisierung von Recht und Justiz, S. 29; *Buck-Heeb / Dieckmann,* Selbstregulierung im Privatrecht, S. 35.

[248] *Buck-Heeb / Dieckmann,* Selbstregulierung im Privatrecht, S. 33f..

[249] *Buck-Heeb / Dieckmann,* Selbstregulierung im Privatrecht, S. 34.

[250] *Hoffmann-Riem,* Modernisierung von Recht und Justiz, S. 25.

[251] *Hoffmann-Riem,* Modernisierung von Recht und Justiz, S. 25.

[252] *Hoffmann-Riem,* Modernisierung von Recht und Justiz, S. 24f..

Selbstregulierung", bei der sich der Staat auf die alleinige Lösungskompetenz privatrechtlicher bzw. privatwirtschaftlicher Handlungsträger verlässt und - wie im Fall der restriktiveren Variante - keine Verantwortungsteilung mit teilstaatlichen Einrichtungen - wie z.B. den Körperschaften des öffentlichen Rechts - anstrebt[253].
Das Konzept der „regulierten Selbstregulierung" kann damit auch definiert werden als private Selbstregulierung, die vor dem Hintergrund staatlicher Rahmenvorgaben und festgesetzter Verfahrensregeln erfolgt, ohne gleichzeitig in der inhaltlichen Normgestaltung wesentlich determiniert zu sein. Lediglich die zu behandelnden Themen und die damit einhergehenden Ziele sind verbindlich. Gleichzeitig stellt der Gesetzgeber durch Vorhalten verbindlicher Auffanglösungen sicher, dass bei einem Scheitern privatautonomer Regelsetzung die gesetzten Aufgaben und Ziele trotzdem umgesetzt werden. Im Ergebnis werden damit die Parallelen zum europarechtlichen Konzept der „Verhandlungslösung" deutlich.

(2) Parallelität und Implikationen

Auch im Konzept der VL gibt der Unionsgesetzgeber die zu verhandelnden Materien und die zu erreichenden Ziele verbindlich vor, überlässt aber die inhaltliche Ausgestaltung einzurichtender Verfahren oder Organe den Akteuren vor Ort. Der Unionsgesetzgeber belässt es bei der Verabschiedung einer Rahmenrichtlinie; die Detailbestimmungen sollen Ergebnis der Vereinbarungslösung sein. Für den Fall des Scheiterns, sieht auch das Konzept der VL eine „Auffanglösung" vor, die garantiert, dass Aufgaben und Ziele, die der Union übertragen wurden oder die sie sich selbst im Rahmen ihrer Kompetenzen auferlegt hat, umgesetzt werden.
Aufgrund dieser Übereinstimmungen können die mit der Selbstregulierungsthematik verbundenen Vor- und Nachteile größtenteils auf die Konzeption der VL adaptiert werden. Als Vorteile werden z.B. genannt[254]: (1.) die sachnähere und damit praktikablere Regelsetzung aufgrund höherem Sachverstand und Fachwissen der beteiligten Akteure vor Ort, (2.) keine langwierigen Gesetzgebungsverfahren - siehe z.B. das Verfahren zur Überarbeitung der Arbeitszeitrichtlinie, (3.) die erhöhte Akzeptanz bei den Normadressaten und damit die effektivere Regeldurchsetzung vor Ort und (4.) die Arbeitsentlastung der Rechtsetzungsorgane - hier der Unionsorgane - einschließlich der damit verbundenen haushaltsentlastenden Effekte.

---

[253] *Hoffmann-Riem*, Modernisierung von Recht und Justiz, S. 24f..
[254] *Buck-Heeb / Dieckmann*, Selbstregulierung im Privatrecht, S. 220ff.; *Fleischer*, ZHR 2004, S. 702.

Als nachteilig werden insbesondere gesehen[255]: (1.) evtl. Vernachlässigen gesamtgesellschaftlicher bzw. unionsweiter Belange aufgrund der Verfolgung von Eigeninteressen der Verhandlungspartner, (2.) Schwierigkeiten hinsichtlich der Verbindlichkeit und Durchsetzung der Bestimmungen - gerade auch gegenüber Dritten, (3.) aufgrund von eventuellen Verhandlungsungleichgewichten einseitige Verhandlungsergebnisse zulasten der „schwächeren" Verhandlungspartei und (4.) durch die Vielzahl unterschiedlicher Regelungen zum selben Gegenstandsbereich eine erhebliche Vorschriftenvermehrung und Unübersichtlichkeit der Rechtssituation, was gerade auch den Kohärenzbestrebungen der Union entgegenstünde.

Werden die genannten Vor- und Nachteile vor dem Hintergrund zu heterogener Arbeitsmarktsysteme in der Union, dem Bestreben der Union die Ebene der Sozialpartner stärker in den Rechtsetzungsprozess einzubinden und vor dem Unionsziel, das Europäische System insgesamt bürgernäher auszugestalten, gegeneinander abgewogen, zeigt sich, dass die mit der Verhandlungskonzeption verbundenen Vorteile den genannten Zielvorstellungen in hohem Maße gerecht werden und folglich mit der „Verhandlungslösung" als „regulierter Selbstregulierung" eine adäquate Rechtskonzeption auf Unionsebene Einzug gefunden hat. Trotz der genannten und nicht von der Hand zu weisenden Nachteilen - wie z.B. der Gefahr einer unkontrollierten Regeldiffusion - ist die „Verhandlungslösung" geeignet, um im Bereich der EU-Sozialpolitik stärkere Anwendung zu finden, da gerade mit dieser Konzeption dem Problem unterschiedlich ausgeprägter Arbeitsmarktsysteme mit Hilfe individueller Lösungen, die sachnäher- und akteursbezogener sind, adäquat begegnet werden kann. Nicht mehr die vereinheitlichende und harmonisierende Rechtsetzung über alle Arbeitsmarktordnungen hinweg ist deren Ziel, sondern eine *liberale* Rechtsetzung, die auf subsidiärer Ebene durch institutionalisierten Einbezug „kreativer Vielfalt" den Wettbewerb verschiedenster Vereinbarungslösungen ermöglicht und fördert[256].

Auch die EU-Kommission sieht das Potential des Ansatzes der „regulierten Selbstregulierung", wenn sie z.B. im Weißbuch *„Europäisches Regieren"* - in dem Ziele und Verbesserungen des Regierungshandelns der Union im Mittelpunkt stehen - schreibt: „Die Europäische Union wird auch in Zukunft zu Recht danach beurteilt werden, wie sich ihre Regelungstätigkeit in der Praxis auswirkt. Sie muss daher stets darauf bedacht sein, die Qualität und Effizienz ihrer Regulierungsmaßnahmen zu verbessern

[255] *Buck-Heeb / Dieckmann,* Selbstregulierung im Privatrecht, S. 229ff.; *Fleischer,* ZHR 2004, S. 702f..
[256] *Brors,* Das System der Arbeitnehmer-Beteiligungs-Richtlinien, S. 107ff..

[Hervorhebungen im Text, Anm. d. Verf.]", um danach neben einer Reihe von entsprechenden Maßnahmen das Instrument der „Koregulierung" einzuführen und zu definieren: „Koregulierung kombiniert bindende Rechtsetzungs- und Regelungstätigkeit mit Maßnahmen der Hauptbeteiligten unter Nutzung ihrer praktischen Erfahrungen"[257].

3. Zwischenergebnis

Festzuhalten ist, dass die Europäische Union im Politikfeld der EU-Sozialpolitik (AEUV: Titel X.) eine Reihe von Kompetenzen besitzt, die in Art. 157 AEUV und vor allem in Art. 153 AEUV zu finden sind. Die EU-Sozialpolitik zählt gemäß Art. 4 AEUV überwiegend zu den „geteilten Zuständigkeiten". Damit gilt im Bereich der EU-Sozialpolitik neben der Kompetenzausübungsschranke der Verhältnismäßigkeit vor allem das Prinzip der Subsidiarität. Darüber hinaus sind die spezifischen Schrankenregelungen des Art. 153 AEUV relevant. Im Ergebnis ist daher zu konstatieren, dass die Union zwar sozialpolitische Kompetenzen besitzt, diese aber gleichzeitig nicht ausreichen für strukturelle und tiefgreifende Eingriffe in die nationalen Arbeitsmarktsysteme. Hinzu kommt, dass nur eine begrenzte Anzahl von regelbaren Materien als wirklich supranational eingestuft werden kann, also aufgrund eines Mehrheitsentscheides im Rat unionsweit regelbar sind. Zentrale arbeitspolitische Materien - wie z.B. Fragen des Kündigungsschutzes, Mitbestimmung oder Tarifpolitik - unterliegen jedoch der „Einstimmigkeit" im Rat oder befinden sich - wie im Fall der Tarifpolitik - außerhalb der Unionskompetenzen. Zudem dürften Materien, die der Einstimmigkeitsregel im Rat unterliegen, gerade aufgrund der Vielfalt der nationalen Arbeitsmarktsysteme und der damit immer für einige Mitgliedsländer verbundenen Verpflichtung, grundlegende Systemänderungen im eigenen Land einzuleiten, eher selten Gegenstand einer unionsweiten Regelung sein.

Die starke Stellung des „Sozialen Dialogs" im Gesetzgebungsverfahren und die davon ableitbare Vermutung, dass die institutionalisierte Vereinbarungsautonomie der EU-Sozialpartner dazu geeignet sein könnte, Fortschritte bei der Weiterentwicklung der sozialen Dimension Europas zu erzielen, erweist sich bei genauerer Analyse als wenig vielversprechend. Die Stärke des „Sozialen Dialogs" liegt allein im Recht der EU-Sozialpartner, Vorhaben der Union sachbezogener auszugestalten. Die unionsweite

[257] KOM (2001), 428 endg. S. 26ff..

Umsetzung obliegt hingegen dem Rat bzw. den jeweiligen nationalen Sozialpartnern oder Mitgliedsländern. Das Mitwirkungsrecht der europäischen Sozialpartner am sozialpolitischen Rechtsetzungsverfahren, das weit über die im Vertrag übliche konsultative und beratende Einflussnahme hinausgeht (vgl. z.B. WSA), unterstreicht damit vor allem den korporatistischen Ansatz der EU-Sozialpolitik und den Willen, dieses Politikfeld mit Beteiligung der EU-Sozialpartner zu gestalten[258]. Von Vorteil ist aber, dass der „Soziale Dialog" - gerade vor dem Hintergrund der Verhandlungsfrist von regulär neun Monaten - bestens dazu geeignet ist, langwierige Gesetzgebungsverfahren aufgrund von Interessendivergenzen innerhalb und zwischen den beteiligten Organen Rat und EU-Parlament, durch Übernahme des Aushandlungsprozesses zu verkürzen und damit zu einer sachgerechteren und effektiveren Rechtsetzung beitragen kann. Der „Soziale Dialog" fungiert also hauptsächlich als Institution der sachnäheren und effektiveren Rechtsetzung im Bereich der EU-Sozialpolitik.

Gleichzeitig zeigt die Konstruktion des „Sozialen Dialogs" eine grundlegende Parallele zum Konzept der VL auf: Die gemeinsame Funktion beider Konzeptionen besteht in der Bereitstellung einer Rechtsgrundlage, die es erlaubt, die konkrete inhaltliche Ausgestaltung der sozialpolitischen Unionsvorhaben den sachnäheren Akteuren zu übertragen und diese damit an der Rechtsgestaltung direkt zu beteiligen. Im Kern repräsentieren damit beide Konzeptionen die liberale Idee der Selbstregulierung, wenn auch in unterschiedlicher Intensität und Rechtsqualität. Der „Soziale Dialog" ließe sich vor diesem Hintergrund auch als eine Institution der „verhandelten Gesetzgebung" begreifen[259].

Der Selbstregulierungsansatz kommt allerdings im Konzept der VL durch die Parallelität zur Konzeption der „regulierten Selbstregulierung" prägnanter zum Ausdruck. Die „Verhandlungslösung" hat vor allem die Funktion, durch Rahmenvorgaben sozialpolitische Standards in Europa zu verankern. Dabei ist die Union bereit, durch Einbezug der jeweiligen nationalen Akteursgruppen in die inhaltliche Ausgestaltung dieser Rahmenvorgaben, die Divergenz der nationalen Arbeitsmarktsysteme „von oben" zu achten und gleichzeitig „von unten" - infolge individueller Lösungen - einen regulierten Systemwettbewerb hinsichtlich der besten Ergebnisse zu fördern.

---

[258] Kennzeichen „korporatistischer Politikgestaltung" ist, dass auf Initiative und ggf. unter aktiver Mitwirkung hoheitlicher Organe, die Sozialpartner im Bereich der Wirtschafts- und Sozialpolitik gemeinsam ausgehandelte Regelungen beschließen. Die Verbindlichkeit der Ergebnisse wird dann durch hoheitliche Rechtsetzung erzeugt, vgl. z.B. *Schiek*, in: Däubler (Hrsg.), Kommentar Tarifvertragsgesetz, 2. Aufl., Einleitung Teil G, Rn. 693.

[259] *Deinert*, RdA 2004, S. 216.

Resultat dieser Art von Rechtsetzung ist die schrittweise Systemkonvergenz in Teilbereichen der europäischen Arbeitsmarktordnungen.
Da sich im Kern hinter der jetzigen restriktiven Kompetenzausstattung der Europäischen Union im Bereich der EU-Sozialpolitik die Heterogenität der europäischen Arbeitsmarktsysteme verbirgt, ist das von der EU-Kommission entwickelte Konzept der VL - welches auch mit „bargaining in the shadow of the law" umschrieben wird, was so viel bedeutet wie: Verhandeln vor dem Hintergrund oder im Schatten des Gesetzes, das bei fehlender Einigung zur Anwendung kommt[260] - ein vielversprechender Ansatz, um sozialpolitische Fortschritte in der Europäischen Union zu erzielen.
Im folgenden Kapitel steht damit die Frage im Mittelpunkt, ob auf Basis der Selbstregulierungsidee auch ein europaweites Kollektivvertragsystem umsetzbar wäre. Ansatzpunkt ist hierfür der von der EU-Kommission im Jahr 2005 veröffentlichte Plan, evtl. einen optionalen Rechtsrahmen für transnationale Kollektivvereinbarungen auf Unionsebene bereitzustellen.

[260] *Blanke,* NZA 2006, S. 1307f..

V. Optionaler Rechtsrahmen für transnationale Kollektivverhandlungen

Die Idee eines optionalen Rechtsrahmens für transnationale Kollektivverhandlungen auf Unionsebene wurde erstmals im Jahr 2005 offiziell von der EU-Kommission im Rahmen ihrer *„Sozialpolitischen Agenda“* für die Jahre 2005 bis 2010 vorgestellt. Darin heißt es: „Die Kommission plant die Annahme eines Vorschlags, der darauf abzielt, den Sozialpartnern ein Instrument *[gemeint: europäische Rechtsgrundlage, Anm. d. Verf.]* an die Hand zu geben, das es ihnen ermöglicht, grenzübergreifend Kollektivverhandlungen zu führen und die dabei erzielten Ergebnisse zu formalisieren“[261]. Ein derartiger EU-Rechtsrahmen soll folglich gewährleisten, dass unionsweite Kollektivverhandlungen und -vereinbarungen auf Basis einer EU-Rechtsgrundlage stattfinden können. Die Nutzung dieses Rechtsrahmens soll aufgrund seines optionalen Charakters aber frei gestellt bleiben[262]. Zudem will man erreichen, dass transnationale Kollektivvereinbarungen - neben der schuldrechtlichen Wirkung - eine Bindewirkung für Dritte entfalten können[263]. Im Ergebnis bestände damit erstmals eine europäische Rechtsgrundlage für die seit den Anfängen der Europäischen Union existierende Idee eines verbindlichen EU-Kollektivvertrages[264]. Schon wenige Jahre nach der Gründung der EWG gab es nämlich von Seiten der EU-Kommission Überlegungen hinsichtlich eines europäischen Tarifvertrages. Auch entsprechende Rechtsgutachten wurden dazu in Auftrag gegeben - z.B. jenes an *Gerhard Schnorr*, der in diesem Kontext die Idee des Statuskontrakts in die Fachdiskussion einbrachte[265]. Aber auch *Delors* hat die Realisierung eines europäischen Tarifvertrages im Rahmen seiner sozialpolitischen Reformbestrebungen in den 1980er Jahren ernsthaft in Erwägung gezogen[266]. Bis zum heutigen Tag fehlt jedoch ein derartiges Rechtsinstitut auf Unionsebene bzw. ist hinsichtlich klassischer Tarifmaterien gemäß Art. 153 Abs. 5 AEUV auch weiterhin ausgeschlossen.

Aufgrund derartiger Schwierigkeiten hat die EU-Kommission vor Bekanntgabe ihres Rechtsetzungsvorhabens die Forschergruppe um *Prof. Edoardo Ales* von der Universi-

---

[261] KOM (2005), 33 endg. S. 9.
[262] KOM (2005), 33 endg. S. 9.
[263] *Ales et al.*, Transnational collective bargaining: past, present and future - Final Report, S. 35f.; *Rieble / Kolbe*, EuZA 2008, S. 454.
[264] *Schnorr*, SozFort 1963, S. 155.
[265] *Deinert*, RdA 2004, S. 213f..
[266] *Delors*, Das neue Europa, S. 39.

tät Cassino (Italien) beauftragt, eine entsprechende Machbarkeitsstudie zu erarbeiten[267]. Neben einem vergleichenden Überblick über die aktuellen europäischen Entwicklungen im Bereich transnationaler Kollektivvereinbarungen sollte der Fokus auf der Identifizierung und Überwindung juristischer Probleme liegen, die sich im Kontext einer rechtlichen Stärkung transnationaler Kollektivvereinbarungen auf EU-Ebene ergeben würden[268]. Der Endbericht der Ales-Gruppe mit dem Titel *„Transnational collective bargaining: past, present and future"* wurde dann im Jahr 2006 veröffentlicht und hat seitdem eine Reihe politischer Reaktionen und kleinere wissenschaftliche Abhandlungen hervorgerufen, ohne jedoch bis heute eine konkrete Umsetzung erfahren zu haben[269].

Bevor der Endbericht der Ales-Gruppe genauer analysiert wird, soll zum besseren Verständnis der Beweggründe, einen derartigen Rechtsrahmen evtl. einzuführen, die gegenwärtige Praxis und Rechtssituation supranational organisierter Arbeitsbeziehungen in der Europäischen Union aufgezeigt werden.

1. EU-Kollektivvereinbarungen und die Durchsetzungsfrage

Im Bereich der supranationalen bzw. europäischen Arbeitsbeziehungen lassen sich vier Ausprägungen unterscheiden. Zum einen die schon analysierten Einrichtungen des branchenübergreifenden und sektorbezogenen „Sozialen Dialogs". Daneben existiert - meist in europäischen Grenzregionen wie z.B. Deutschland zu den Beneluxstaaten - der Bereich der interregionalen Zusammenarbeit nationaler Gewerkschaften[270]. Die vierte Variante findet sich im Bereich transnationaler Unternehmen. Hauptakteure sind hier neben der Arbeitgeberseite der EBR bzw. SE-BR. Bis auf den Bereich der interregionalen Zusammenarbeit, sind alle Handlungsebenen europarechtlichen Ursprungs, d.h. sind im Primärrecht („Sozialer Dialog") oder Sekundärrecht (EBR und SE-BR) institutionalisiert. Gemeinsam ist den Akteuren - i.d.R. der Arbeitnehmerseite - aller vier Handlungsebenen das Ziel, Kollektivvereinbarungen mit Drittwirkung abschließen zu können.

---

[267] *Ales et al.*, Transnational collective bargaining: past, present and future - Final Report, S. 5.
[268] *Ales et al.*, Transnational collective bargaining: past, present and future - Final Report, S. 5.
[269] Vgl. z.B. *Kunstmann*, Der Wahnsinn kennt keine Grenzen, Handelsblatt, 25. Juli 2006; BDA-Stellungnahme 6. Nov. 2006; DGB-Stellungnahme, Europa sozial gestalten, S. 12; *Rieble / Kolbe*, EuZA 2008, S. 453ff.; *Zachert* (2008), in: Maschmann, S. 529ff.; *Weiss* (2008), in: Konzen, S. 957ff..
[270] *Schroeder / Weinert* (2003), in: Schroeder / Weßels, S. 565, 575ff..

a) Begriff

Im deutschen Arbeitsrecht können die wesentlichen Inhalte der Austauschbeziehung zwischen Kapital und Arbeit - wie z.B. Entgelt und Arbeitszeit - individuell durch einen Arbeitsvertrag (spezieller Dienstvertrag § 611 BGB) oder kollektiv durch einen Tarifvertrag (§ 1 TVG) geregelt werden.

Charakteristisch für Tarifverträge ist deren Aushandlung durch Gewerkschaften und Arbeitgeberverbände, also Kollektivorganisationen. Damit zählt der Tarifvertrag zur Gruppe der Kollektivverträge, deren verbindendes Element der kollektive Vertragsabschluss bzw. die kollektive Vereinbarung ist[271]. Neben dem Tarifvertrag gehört im deutschen Recht zur Gruppe der Kollektivverträge auch die Betriebs- und Dienstvereinbarung[272].

Der Begriff „EU-Kollektivvereinbarung“ verweist ebenfalls auf den kollektiven Vereinbarungscharakter, hier allerdings mit grenzüberschreitendem Bezug. Im Mittelpunkt europäischer Kollektivvereinbarungen steht die gemeinsame Regelung von Arbeitsverhältnissen in mindestens zwei Mitgliedstaaten der Europäischen Union[273]. Durch die Verwendung des Begriffs „EU-Kollektivvertrag“ anstatt „EU-Tarifvertrag“ wird gleichzeitig eine rechtliche Gleichsetzung mit dem deutschen Tarifvertrag vermieden, der im Hinblick auf seine unmittelbar-zwingende Wirkung nicht mit einem EU-Kollektivvertrag - wie z.B. der Sozialpartnervereinbarung - vergleichbar ist[274].

b) Sozialpartnervereinbarung

Der „Soziale Dialog“ wurde bereits im vierten Kapitel eingehend behandelt, jedoch mit Schwerpunkt auf Art. 155 Abs. 2 Alt. 2 AEUV, der Umsetzung einer Sozialpartnervereinbarung durch Ratsbeschluss. Die Möglichkeit der autonomen Umsetzung durch die Sozialpartner auf Basis des Art. 155 Abs. 2 Alt. 1 AEUV wurde dagegen nur kurz angesprochen und steht im Folgenden im Mittelpunkt. Zentral ist dabei die Frage, ob und wie eine im Rahmen des Art. 155 Abs. 2 Alt. 1 AEUV geschlossene Vereinbarung verbindliche Wirkung in den Mitgliedstaaten erreichen kann.

---

271 *Creifleds,* Rechtswörterbuch, S. 653.
272 *Creifleds,* Rechtswörterbuch, S. 653.
273 *Deinert,* Der europäische Kollektivvertrag, S. 32.
274 *Deinert,* Der europäische Kollektivvertrag, S. 31.

Im Fall des Art. 155 Abs. 2 Alt. 2 AEUV erfolgt die unionsweite Verbindlichkeit durch Beschluss des Rates. Durch diese Transformation wird die Sozialpartnervereinbarung Bestandteil des Unionsrechts und hat Vorrang gegenüber inhaltlich entgegenstehenden nationalen Rechtsnormen[275]. Aus Sicht der europäischen Sozialpartner besteht damit die Möglichkeit, ihren gemeinsam ausgehandelten Kollektivvereinbarungen unionsweite Geltung zu verleihen. Wie dargelegt, besteht das Hauptproblem bei dieser Variante in der potentiellen Nichtannahme bzw. Ablehnung des Antrags durch Kommission und Rat. Folglich ist auf Seiten der europäischen Sozialpartner der Anreiz vorhanden, eine Sozialpartnervereinbarung nicht nur autonom auszuhandeln, sondern gleich auf Basis von Art. 155 Abs. 2 Alt. 1 AEUV auch eigenständig umzusetzen, d.h. ohne Zustimmungsvorbehalt und inhaltliche Restriktionen aus Art. 153 AEUV. Das Problem dabei: Aufgrund des fehlenden europarechtlichen Transformationsbeschlusses können diese Vereinbarungen nicht Bestandteil des Unionsrechts werden. Auch eine Durchführungspflicht für die nationalen Sozialpartnerverbände und die einzelnen Mitgliedstaaten ist aus Art. 155 Abs. 2 Alt. 1 nicht ableitbar[276].

(aa) Autonome Umsetzung: Praxis

Trotz der eingeschränkten Wirkkraft haben die europäischen Sozialpartner auf Basis von Art. 155 Abs. 2 Alt. 1 AEUV zwischenzeitlich eine Reihe von Abkommen vereinbart, beispielsweise die 2002 geschlossene branchenübergreifende *„Rahmenvereinbarung über Telearbeit"* oder die ebenfalls branchenübergreifende *„Rahmenvereinbarung über arbeitsbedingten Stress"* aus dem Jahr 2004. Beide Vereinbarungen waren aber noch die Folge eines Anhörungsverfahrens nach Art. 154 Abs. 2ff. AEUV[277], gingen also auf die Initiative der EU-Kommission zurück. In jüngerer Zeit wurden darüber hinaus von den europäischen Sozialpartnern - ganz ohne Beteiligung der EU-Kommission - vermehrt sog. „prozessorientierte Texte" verabschiedet, die inhaltlich primär Empfehlungs- bzw. Leitliniencharakter haben und deren Umsetzung die nationalen Sozialpartner selbst übernehmen[278]. Insgesamt handelt es sich bei diesen auf Basis des Art. 155 Abs. 2 Alt. 1 AEUV geschlossenen Texten und Rahmenvereinbarungen um die sog. *„Texte der neuen Generation"*, deren Haupt-

---

[275] *Theiss*, Die Durchführung europäischer Sozialpartnervereinbarungen auf nationaler Ebene, S. 69.
[276] *Rebhahn*, in: Schwarze et al. (Hrsg.), EU-Kommentar, 2. Aufl., Art. 139 Rn. 12f. EGV.
[277] KOM (2004), 557 endg., S. 17.
[278] KOM (2004), 557 endg., S. 17.

merkmal die autonome Aushandlung als auch die autonome Umsetzung der Ergebnisse in den Mitgliedstaaten ist[279].

Dabei kann die Durchführung derartiger Sozialpartnervereinbarungen gemäß Art. 155 Abs. 2 Alt. 1 AEUV nach den „jeweiligen Verfahren und Gepflogenheiten der Sozialpartner“ oder aber durch die Mitgliedstaaten erfolgen. Im ersten Fall sind die Adressaten die nationalen Sozialpartner, die die entsprechende Vereinbarung im Rahmen des jeweils vorherrschenden Rechtsrahmens - im Regelfall das einschlägige Tarifrecht - durchsetzen können[280]. Möglich wäre, dass die Bestimmungen oder Empfehlungen einer Sozialpartnervereinbarung vollständig oder teilweise in die zukünftig auszuhandelnden nationalen Tarifverträge implementiert werden[281]. Aufgrund der unterschiedlich ausgestalteten Arbeitsmarktsysteme in den Mitgliedstaaten ist bei dieser Variante aber eine vielfältige Durchführung der jeweiligen Sozialpartnervereinbarungen wahrscheinlich. Dies gilt analog im Fall der Durchführung durch die Mitgliedstaaten. Eine einheitliche Umsetzung ist in beiden Varianten somit unwahrscheinlich bzw. allenfalls in Mitgliedsländern mit vergleichbaren Arbeitsmarktsystemen und Strukturen der Industriellen Beziehungen denkbar.

(bb) Autonome Umsetzung: Statuskontraktmodell

Kern des Modells ist, dass die europäischen Sozialpartner die Modalitäten zur Durchführung ihrer Sozialpartnervereinbarungen in einem eigens dafür ausgehandelten sog. Statuskontrakt selbst festlegen[282]. Die EU-Sozialpartner bestimmen damit autonom, welche Rechtsqualität ihren Vereinbarungen zukommen soll. Reglungsgegenstände wären hinsichtlich einer Sozialpartnervereinbarung Fragen der Rechtswirkung, des Geltungsbereiches oder zum Verhältnis zu bereits bestehenden nationalen Kollektivverträgen[283]. Denkbar wäre z.B., dass die Verhandlungspartner in einem derartigen Statuskontrakt festschreiben, dass ein tarifgebundener Arbeitgeber im Geltungsbereich der Vereinbarung verpflichtet ist, die jeweiligen Vereinbarungsinhalte auf alle Arbeitsverhältnisse seines Unternehmens anzuwenden und nicht - wie etwa im deutschen Tarifrecht normiert - eine Anwendungsverpflichtung lediglich für

[279] KOM (2004), 557 endg., S. 16; *Keller* (2005), in: Baum-Ceisig, S. 239, 254; *Weiss* (2008), in: Konzen, S. 957, 964.

[280] *Theiss,* Die Durchführung europäischer Sozialpartnervereinbarungen auf nationaler Ebene, S. 69.

[281] *Theiss,* Die Durchführung europäischer Sozialpartnervereinbarungen auf nationaler Ebene, S. 81.

[282] *Reufels,* in: Thüsing (Hrsg.), Tarifrecht-Handbuch, 13. Kap., Rn. 103 EGV; *Schiek,* in: Däubler (Hrsg.), Kommentar Tarifvertragsgesetz, 2. Aufl., Einleitung Teil G, Rn. 809ff..

[283] *Reufels,* in: Thüsing (Hrsg.), Tarifrecht-Handbuch, 13. Kap., Rn. 104 EGV; *Schiek,* in: Däubler (Hrsg.), Kommentar Tarifvertragsgesetz, 2. Aufl., Einleitung Teil G, Rn. 812.

diejenigen Arbeitsverhältnisse besteht, die die beidseitige Tarifgebundenheit im Geltungsbereich des jeweiligen Tarifvertrages aufweisen (§ 4 Abs. 1 TVG)[284].
Das Statuskontraktmodell hat seinen Ursprung im Völkerrecht[285]. Wesentliche Rechtsquelle ist dort der völkerrechtliche Vertrag, der hauptsächlich der Regulierung und Organisation zwischenstaatlicher Beziehungen dient[286]. Die Vertragsinhalte (Rechte und Pflichten) basieren auf freier Aushandlung der beteiligten Völkerrechtssubjekte und nicht auf gesetzlichen Vorgaben. Insbesondere der Rechtswissenschaftler *Gerhard Schnorr,* hat die Idee des völkerrechtlichen Statuskontrakts im Zusammenhang mit der Diskussion über einen europäischen Tarifvertrag Anfang der 1960er Jahre aufgenommen und durch eigene Arbeiten konkretisiert[287]. Er vertrat dabei die Rechtsauffassung, dass die Verabschiedung eines Statuskontrakts durch die europäischen Sozialpartner eine entsprechende Rechtsgrundlage nicht unbedingt voraussetze: „Es trifft nicht zu, daß die autonome Regelung der Arbeitsbedingungen [...] einer ausdrücklichen Rechtsgrundlage bedarf", so *Schnorr* in einem Fachartikel von 1963[288]. *Fudickar* weist dementsprechend daraufhin, dass von einem Statuskontrakt nur dann gesprochen werden kann, wenn sowohl das Kriterium der autonomen Aushandlung als auch das Kriterium der nicht vorhandenen Rechtsgrundlage erfüllt ist[289].
Allerdings kann bei Vorliegen dieser Kriterien nicht automatisch gefolgert werden, dass der Statuskontrakt auch unmittelbare Rechtswirkung gegenüber Dritten entfaltet[290]. Daher verbleibt die Durchsetzung eines europäischen Statuskontrakts weiterhin im Autonomiebereich der nationalen Verbände bzw. der einzelnen Mitgliedstaaten. Dies wird allerdings nicht von allen, die sich mit dieser Materie befassen, so gesehen. Folgt man z.B. der Argumentation von *Schiek,* so ermächtigt Art. 155 Abs. 2 Alt. 1 AEUV die Sozialpartner nicht nur Vereinbarungen zu schließen, die allein den Durchführungsmodalitäten von Sozialpartnervereinbarungen dienen, sondern verleiht gleichzeitig einem Statuskontrakt unionsweite Wirkkraft, also gegenüber Dritten[291]. *Schiek* schreibt dazu: „Die Sozialpartner können in einem Statuskontrakt die Bedingungen für die Wirkung der Sozialpartnervereinbarung [..] festlegen. Dazu ermächtigt

---

[284] *Schiek,* in: Däubler (Hrsg.), Kommentar Tarifvertragsgesetz, 2. Aufl., Einleitung Teil G, Rn. 812.
[285] *Kowanz,* Europäische Kollektivvertragsordnung, S. 271.
[286] *Creifelds,* Rechtswörterbuch, S. 1326f..
[287] *Kowanz,* Europäische Kollektivvertragsordnung, S. 271; vgl. auch *Schnorr,* SozFort 1963, S. 157ff..
[288] *Schnorr,* SozFort 1963, S. 157.
[289] *Fudickar,* Parteiautonome Anknüpfung grenzüberschreitender Tarifverträge in der EU, S. 88.
[290] *Fudickar,* Parteiautonome Anknüpfung grenzüberschreitender Tarifverträge in der EU, S. 88f.; *Theiss,* Die Durchführung europäischer Sozialpartnervereinbarungen auf nationaler Ebene, S. 94; *Schnorr,* SozFort 1963, S. 157.
[291] *Schiek,* in: Däubler (Hrsg.), Kommentar Tarifvertragsgesetz, 2. Aufl., Einleitung Teil G, Rn. 815, Rn. 827.

sie Art. 139 Abs. 2 1. Alt. EG. Deswegen hat der Statuskontrakt als solcher gemeinschaftlichen Charakter *[Hervorhebungen im Text, Anm. d. Verf.]*". Ansatzpunkt der Auslegung von *Schiek* ist die Textpassage aus Art. 155 Abs. 2 Alt. 1 AEUV, wonach die Umsetzung einer Sozialpartnervereinbarung „nach den jeweiligen Verfahren und Gepflogenheiten" der Sozialpartner erfolgen soll. Nach *Schiek* wird damit „auf Gebräuche und autonom geschaffenes Recht" abgestellt, die die Durchführung von Kollektivvereinbarungen vor Ort determinieren; Art. 155 Abs. 2 Alt. 1 AEUV „rezipiert [damit] autonom geschaffenes Recht in das Gemeinschaftsrecht hinein *[Hervorhebungen im Text, Anm. d. Verf.]*" , so *Schiek* im Ergebnis[292]. Ein derartiger Statuskontakt wäre daher europarechtlich legitimiert und hätte unionsweite Wirkkraft[293]. Der inhaltlichen Ausgestaltung eines Statuskontrakts sind nach *Schiek* lediglich dort Grenzen gesetzt, wo diese in verfassungsrechtlich geschützte Bereiche eingreift[294].

Für *Löwisch / Rieble* ist hingegen die Argumentation von *Schiek* „abseitig", weil damit die Sozialpartner das Recht hätten, Kompetenzgrenzen, die der Union im Interesse der Mitgliedstaaten einst gezogen wurden, unionsrechtlich zu umgehen[295]. Würde ein Statuskontrakt infolge Art. 155 Abs. 2 Alt. 1 AEUV europarechtlichen Charakter besitzen, bedeutete dies gleichzeitig, dass die europäischen Sozialpartner im Bereich der EU-Sozialpolitik die Möglichkeit hätten, das Transformationsverfahren zur unionsweiten Geltung einer Sozialpartnervereinbarung vollständig durch den mit gleicher Wirkkraft ausgestatteten Statuskontrakt zu substituieren[296]. Die Sozialpartner hätten die Kompetenz, ein legitimiertes Verfahren zur unionsweiten Umsetzung ihrer Vereinbarung durch das eigene Verfahren zu ersetzen. Schlussendlich besäßen die europäischen Sozialpartner damit im Bereich der EU-Sozialpolitik eine größere Machtfülle als die von den Mitgliedstaaten legitimierten Organe der Union; eine unter europarechtlichen Gesichtspunkten doch sehr fragwürdige Vorstellung.

Wird mit der h.M. die europarechtliche Legitimation aber ausgeschlossen, ist für die Wirksamkeit eines derartigen Statuskontrakts die Durchführungsbereitschaft der Sozialpartner in den Mitgliedstaaten weiterhin entscheidend. Nur für den Fall, dass sich die entsprechenden nationalen Sozialpartner per Satzung verpflichtet hätten, die

[292] *Schiek,* in: Däubler (Hrsg.), Kommentar Tarifvertragsgesetz, 2. Aufl., Einleitung Teil G, Rn. 809.
[293] *Schiek,* in: Däubler (Hrsg.), Kommentar Tarifvertragsgesetz, 2. Aufl., Einleitung Teil G, Rn. 815; *Reufels,* in: Thüsing (Hrsg.), Tarifrecht-Handbuch, 13. Kap., Rn. 105 EGV.
[294] *Schiek,* in: Däubler (Hrsg.), Kommentar Tarifvertragsgesetz, 2. Aufl., Einleitung Teil G, Rn. 815.
[295] *Löwisch / Rieble,* Tarifvertragsgesetz - Kommentar, Grundlagen, S. 114 Rn. 427.
[296] *Kowanz,* Europäische Kollektivvertragsordnung, S. 273.

auf europäischer Ebene von ihrem Dachverband geschlossenen Vereinbarungen national umzusetzen, wäre nach h.M. eine unionsweite Durchführung eines Statuskontrakts möglich[297]. Aufgrund des damit verbundenen Autonomieverlustes für die nationalen Sozialpartner dürfte dies aber eher die Ausnahme sein. Das Problem der heterogenen Umsetzung in den Mitgliedstaaten bleibt damit bestehen. Die Idee des Statuskontraktmodells wäre daher allenfalls im Kontext des vorgeschlagenen Rechtsrahmens für transnationale Kollektivverhandlungen umsetzbar, in dessen Rahmen die Möglichkeit bestünde, entsprechende Vereinbarungen abzuschließen, die aufgrund des damit verbundenen europarechtlichen Charakters unionsweite Geltung beanspruchen könnten[298].

c) Europäische Unternehmensvereinbarung

Zentrale Akteure im Bereich transnationaler Unternehmensvereinbarungen sind neben den Arbeitgebern die Arbeitnehmervertretungsorgane EBR und SE-BR. Rechtsgrundlage des EBR ist die 2009 neugefasste Richtlinie 2009/38/EG[299]. Für die Arbeitnehmervertretung im Bereich der Europäischen Aktiengesellschaft gilt die SE-BeteiligungsRL 2001/86/EG.

Seit der offiziellen Einführung des EBR 1994 für unionsweit operierende Unternehmen und Konzerne bei entsprechender Mitarbeiterzahl[300] und dem 2001 eingeführten SE-BR, hat sich deren Gesamtanzahl auf aktuell 1015 erhöht (vgl. *Tabelle. 1*). Ein Großteil davon ist im Bereich der Metall- und Chemieindustrie institutionalisiert[301]. Wie aus *Tabelle 1* weiter hervorgeht, liegt die Zahl neugegründeter EBR und SE-BR stetig über der Zahl der Auflösungen, sodass im Ergebnis die Gesamtanzahl seit 1994 kontinuierlich ansteigt, wobei seit 1996 - dem Gründungshöhepunkt mit 397 Vertretungsorganen - im Bereich der Neugründungen eine eher fallende Tendenz beobachtbar ist.

---

297 *Waas*, ZESAR, S. 449.

298 *Theiss*, Die Durchführung europäischer Sozialpartnervereinbarungen auf nationaler Ebene, S. 129.

299 In Deutschland wurde die EBR-RL im „Gesetz über Europäische Betriebsräte" 2011 umgesetzt.

300 Vgl. Art. 2 Abs. 1a EBR-RL: ≥ 1000 AN in den Mitgliedstaaten mit jeweils ≥ 150 AN in mindestens zwei Mitgliedstaaten im Fall eines gemeinschaftsweit operierenden Unternehmens.

301 Vgl. Europäisches Gewerkschaftsinstitut (ETUI), EBR-Datenbank, 7/2012.

Tabelle 1: ***EBR / SE-BR Entwicklung: 1994 bis 2012***

Jahr	Gesamtanzahl	Neugründungen	Auflösungen
1994	57	19	0
1995	129	72	0
1996	525	397	1
1998	632	68	12
2000	754	85	21
2002	797	35	18
2004	848	36	15
2006	893	36	12
2008	956	52	10
2010	1001	22	8
2012	**1015**	**3**	**0**

Quelle: Europäisches Gewerkschaftsinstitut (ETUI), EBR-Datenbank

Aus rechtlicher Perspektive ist besonderes von Interesse, auf welcher konkreten Rechtsgrundlage die bestehenden EBR bzw. SE-BR aufbauen. Folgende Möglichkeiten kommen dabei in Betracht und sind in *Abbildung 1* entsprechend ihrer Verbreitung aufgeführt: (1.) Art. 6 EBR-RL, die klassische Vereinbarungslösung, (2.) Art. 13 EBR-RL, die Neuverhandlungspflicht bei grundlegenden Änderungen der Unternehmensstrukturen wie bei Übernahmen oder Unternehmensspaltungen, (3.) Art. 3 der RL 97/74/EG, die die Anwendung der EBR-RL in Großbritannien und Nordirland ab 1997 festsetzte, (4.) Gründung auf Basis der subsidiären Vorschriften der EBR-RL / SE-BR-RL, (5.) Art. 3 der SE-BR-RL oder (6.) Gründung eines EBR im Rahmen eines schon bestehenden Informations- und Konsultationsverfahrens.

Ein Ergebnis sticht aus der Auswertung in *Abbildung 1* hervor. Nur in einem von hundert Fällen wird ein Vertretungsorgan auf Grundlage der subsidiären „Auffanglösung“ gegründet. Damit unterstreicht dieses Ergebnis die Effektivität der „Verhandlungslösung“. Deutlich wird zudem, dass nur selten ein EBR gegründet wird bei Vorhandensein eines Verfahrens zur Anhörung und Konsultation. Dies deutet u.U. daraufhin, dass die rechtliche Wahlfreiheit entweder einen EBR oder ein entsprechendes Verfahren zur Anhörung und Konsultation zu institutionalisieren, eine bewusste Entscheidung der beteiligten Akteure für bzw. gegen eine der beiden Möglichkeiten ist und damit die institutionalisierte Wahlfreiheit den Akteuren vor Ort entgegenkommt. Eine wichtige Rolle spielt hingegen Art. 13 der EBR-RL. 37 Prozent der eingerichteten EBR basieren allein auf Neuverhandlungen infolge von Umstrukturierungen. 48 Prozent der EBR haben ihre Rechtsgrundlage hingegen in Art. 6 EBR-RL. Lediglich 6 Prozent der Vertretungsorgane sind im Rahmen einer SE-Gründung entstanden.

Abbildung 1: ***EBR und SE-BR nach Gründungsart***

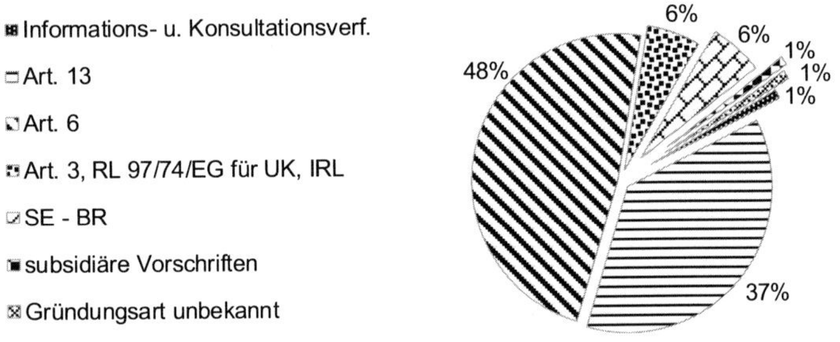

Quelle: Europäisches Gewerkschaftsinstitut (ETUI), EBR-Datenbank

Insgesamt zeigt die Verteilung, dass das Konzept der VL erfolgreich umgesetzt wird und die subsidiären Vorschriften kaum genutzt werden müssen. Sinnvoll ist die 2009 eingeführte Anpassungsklausel bei Umstrukturierungen[302]. Immerhin 37 Prozent aller EBR gründen auf Art. 13 EBR-RL und stellen so die Einrichtung eines EBR sicher. Nach Art. 6 EBR-RL und Art. 4 SE-BR-RL hat ein betriebliches Vertretungsorgan lediglich das Recht auf Anhörung und Unterrichtung. Ein Rechtsanspruch auf Mitwirkungs- oder Mitbestimmungsrechte besteht nicht. Vereinbarungen, die z.B. ein EBR mit der Arbeitgeberseite abschließt, sind damit rechtlich nicht legitimiert[303]. Wichtig ist also, dass der Rechtsstatus eines EBR nicht vergleichbar ist mit dem eines deutschen Betriebsrates, der auf Basis des BetrVG *echte* Beteiligungsrechte besitzt. Trotzdem werden transnationale Unternehmensvereinbarungen geschlossen, wenn auch in geringem Umfang (vgl. *Abbildung 2*).

[302] *Forst*, ZESAR 2009, S. 473ff..
[303] *Rieble / Kolbe*, EuZA 2008, S. 455f..

Abbildung 2: ***Europäische Unternehmensvereinbarungen pro Jahr***

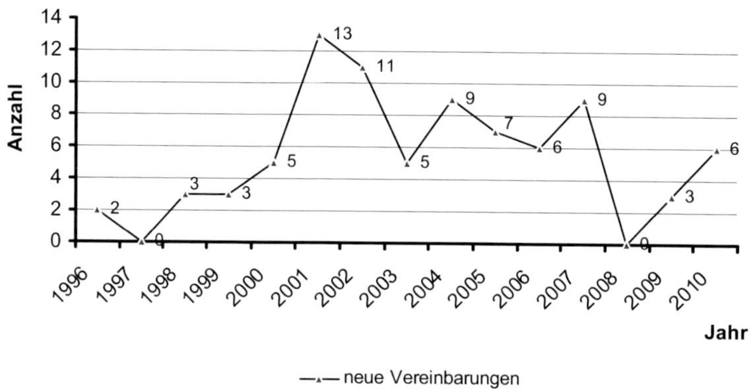

Quelle: IZA Research Report No. 38

Im Zeitraum von 1996 bis 2010 wurden im Jahresdurchschnitt fünf bis sechs Unternehmensvereinbarungen mit rein europäischer Reichweite geschlossen[304]. Unterzeichner sind auf Arbeitnehmerseite - neben den Organen EBR und SE-BR - die nationalen und europäischen Gewerkschaften. Entweder unterzeichnen beispielsweise EBR und Gewerkschaftsvertreter gemeinsam oder - was eher die Regel ist - der EBR übernimmt diese Aufgabe allein[305]. Die Rechtsqualität solcher Vereinbarungen ist jedoch noch unklar[306]. Eine normative Wirkung wird aber ausgeschlossen[307]. Damit sind derartige Vereinbarungen rechtlich nicht mit der deutschen Betriebsvereinbarung, die „unmittelbar und zwingend“ wirkt, vergleichbar (§ 77 Abs. 4 BetrVG).

Auch wenn bis jetzt europäische Unternehmensvereinbarungen lediglich in geringem Umfang geschlossen wurden - meist im Bereich der Automobilindustrie[308] -, zeigt die Praxis, dass es einen Bedarf an derartigen Vereinbarungen gibt. Die Problematik der ungeklärten Rechtsqualität dürfte jedoch einer verbreiterten Anwendung auch zukünftig im Wege stehen (vgl. aber hierzu den Ales-Entwurf, S. 85).

---

304 Vereinbarungen mit globalem Bezug sind hierbei also nicht berücksichtigt, bewegen sich aber zahlenmäßig auf vergleichbar niedrigem Niveau, vgl. *Eichhorst et al.*, Cross-Border Collective Bargaining and Transnational Social Dialogue, S. 61.

305 *Müller et al.*, Transnationale Unternehmensvereinbarungen, S. 5f..

306 *Weiss* (2008), in: Konzen, S. 957, 970f.; *Weiss*, NZA 2003, S. 180; *Riebe / Kolbe*, EuZA 2008, S. 476.

307 *Weiss* (2008), in: Konzen, S. 957, 970; *Rieble / Kolbe*, EuZA 2008, S. 455f..

308 *Weiss* (2008), in: Konzen, S. 957, 969f..

d) Tarifkoordination

Vor dem Hintergrund, dass einerseits seit den Anfängen der Europäischen Union die Thematik „EU-Tarifvertrag“ immer wieder diskutiert wurde - ohne aber Realität zu werden -, und sich andererseits mit Einführung der Europäischen Währungsunion zum 1. Januar 1999 abzeichnete, dass sich die Rahmenbedingungen für die nationale Tarifpolitik grundlegend ändern würden, hat sich mit Beginn der 1990er Jahre bei diversen Gewerkschaften in Europa die Erkenntnis durchgesetzt, den mit einer Wirtschafts- und Währungsunion verbundenen ökonomischen Konsequenzen, allenfalls noch mit Hilfe einer verstärkt transnational koordinierten Tarifpolitik begegnen zu können[309]. Besonders drei Implikationen waren dabei ausschlaggebend: (1.) Eine Einheitswährung impliziert, dass die Löhne - also der Preis für den Produktionsfaktor Arbeit - in den einzelnen Mitgliedstaaten des Währungsraumes direkt vergleichbar sind; die wechselkursbedingten Unterschiede entfallen[310]. Standortentscheidende Indikatoren - wie die der Arbeits- bzw. aussagekräftigeren Lohnstückkosten[311] - können direkt verglichen werden und tragen zu einem verstärkten Standortwettbewerb im Binnenmarkt bei. (2.) Den nationalen Regierungen bzw. Zentralbanken steht das Instrument des Wechselkurses zur Beseitigung makroökonomischer Ungleichgewichte nicht mehr zu Verfügung[312]. Damit entfällt gleichsam die Möglichkeit, verlorengegangene Wettbewerbsfähigkeit - z.B. aufgrund zu hoher Lohnabschlüsse - ex post durch Abwertung der eigenen Währung und damit einer Verbilligung der Exportgüter auszugleichen. (3.) Auch das Instrument expansiver Fiskalpolitik zur Nachfragesteigerung (privater Konsum und Investitionen) und Bekämpfung von Unterbeschäftigung ist aufgrund vorgegebener Verschuldungs- und Inflationsgrenzen - die der Stabilität der Einheitswährung dienen - nur restriktiv nutzbar, um z.B. lohnpolitisch bedingte Arbeitslosigkeit abzubauen[313]. Im Ergebnis rückt damit die Tarif- und Lohnpolitik in den Mittelpunkt der Wettbewerbsfähigkeit

---

[309] *Schroeder / Weinert* (2003), in: Schroeder / Weßels, S. 565, 577.; *Schulten,* WSI 1998, S. 489.

[310] *Weiss* (2008), in: Konzen, S. 957, 967.

[311] „Arbeitskosten“ sind diejenigen Kosten, die ein Arbeitgeber für die Nutzung des Faktors Arbeit aufwenden muss. Sie enthalten einerseits die Direktentgelte für geleistete Arbeit einschließlich evtl. Sonderzahlungen, und andererseits die größtenteils staatlich induzierten Personalzusatzkosten wie AG-Sozialversicherungsabgaben, Entgeltfortzahlung im Krankheitsfall oder Vergütung freier Tage, vgl. z.B. *Schröder,* IW-Trends 2012, S. 2f.; „Lohnstückkosten“ errechnen sich aus dem Verhältnis der Arbeitskosten und der Ausbringungsmenge. Die Kennzahl der Lohnstückkosten zeigt an, in welchem Umfang ein Produkt bzw. eine Dienstleistung mit Arbeitskosten belastet ist. Hohe Lohnstückkosten bedeuten, dass entweder die Arbeitskosten im Vgl. zur Produktivität (zu) hoch sind, oder die Produktivität im Vgl. zu den Arbeitskosten (zu) niedrig ist, vgl. dazu *Dichtl / Issing,* Vahlens Großes Wirtschaftslexikon, Bd. 2, S. 1345.

[312] *Fröhlich et al.,* Lohnpolitik in der Europäischen Währungsunion, S. 9f..

[313] *Fröhlich et al.,* Lohnpolitik in der Europäischen Währungsunion, S. 6f..

eines Landes[314]: Überhöhte Tarifabschlüsse sind von Seiten der Nationalstaaten nicht mehr durch Wechselkurskorrekturen oder breit angelegte Konjunkturprogramme ausgleichbar. In einer Währungsunion stehen damit die nationalen Tarifpartner im Zentrum der beschäftigungspolitischen Verantwortung[315].

Aufgrund dieser Zusammenhänge befürchteten Gewerkschaftsvertreter vor allem zwei Entwicklungen: Zum einen - vor dem Hintergrund eines funktionierenden Binnenmarktes - massive innereuropäische Standortverlagerungen in Mitgliedsländer mit niedriger Arbeits- und Lohnstückkostenstruktur (vgl. *Tabelle 2*, S. 99), zum anderen die daraus resultierende Schwächung der gewerkschaftlichen Verhandlungsposition in zukünftigen Lohnrunden und ggf. eine damit verbundene negative Reallohnentwicklung[316].

Um diesen Entwicklungen frühzeitig begegnen zu können, wurde 1998 die sog. Doorn-Erklärung von Gewerkschaftsvertretern aus Deutschland, Belgien, Niederlande und später Luxemburg verabschiedet[317]. Kern der Erklärung war, dass sich die Unterzeichner gegenseitig verpflichteten, ihre nationale Tarifpolitik auf Basis der beschlossenen Grundsätze zu gestalten[318]. Drei Leitlinien waren dabei zentral[319]: (1.) Tariferhöhungen sollen in der Summe der Inflationsrate und dem Produktivitätsanstieg entsprechen, (2.) Ziel von Tarifverträgen ist die Stärkung der Massenkaufkraft und (3.) soll ein kontinuierlicher Informations- und Gedankenaustausch zwischen den an der Initiative Beteiligten institutionalisiert werden. Die Intention der Doorn-Initiative bestand folglich in der Stärkung des transnationalen Informationsaustausches und in der Verabredung einer nachfrageorientierten Lohnpolitik für die jeweils anstehenden Tarifrunden; Lohnstrategien aus dem angebotsorientierten Bereich galt es so zu verhindern[320]. Mit der nachfrageorientierten Lohnstrategie sollte besonders sichergestellt werden, dass sich die tariflichen Lohnerhöhungen im Rahmen von

---

314 *Fröhlich et al.*, Lohnpolitik in der Europäischen Währungsunion, S. 10f.; *Schroeder / Weinert* (2003), in: Schroeder / Weßels , S. 565, 565.

315 *Fröhlich et al.*, Lohnpolitik in der Europäischen Währungsunion, S. 10.

316 *Schulten*, WSI 1998, S. 487.

317 *Schroeder / Weinert* (2003), in: Schroeder / Weßels, S. 555, 578.

318 *Schroeder / Weinert* (2003), in: Schroeder / Weßels, S. 555, 578.

319 *Weiss* (2008), in: Konzen, S. 957, 967.

320 Zur „angebotsorientierten Lohnpolitik" gehören die Konzeptionen der „ produktivitätsorientierten Lohnpolitik", der „kostenniveauneutralen Lohnpolitik" und der rein „beschäftigungsorientierten Lohnpolitik". Letztere ist die Empfehlung des SVR und aus ökonomischer Sicht der nachfrageorientierten Lohnpolitik vorzuziehen, da diese bei hoher Arbeitslosigkeit der Beschäftigungssicherung bzw. dem Beschäftigungsaufbau stärker dient. Hauptkritikpunkt an der „nachfrageorientierten Lohnpolitik" ist das teilweise außer Acht lassen der Überwälzung von Lohnsteigerungen auf die Güterpreise, sodass infolge von Preissteigerungen (Inflation) die Lohnzuwächse teilweise aufgehoben werden und die erwartete zusätzliche Güternachfrage ausbleibt oder erheblich geringer ist, um beschäftigungsorientiertes Wirtschaftswachstum zu generieren, vgl. *Lesch*, Streitpunkt ´lohnpolitischer Verteilungsspielraum´, S. 5ff..

Produktivitäts- und Inflationszuwachs bewegen und letzteres nicht vernachlässigt wird. Die Doorn-Initiative war damit Vorreiter einer transnationalen Tarifkoordination mit dem Ziel, das regionale Nebeneinander von kaufkraft- und wettbewerbsorientierter Tarifpolitik zu Gunsten ersterer Variante zu überwinden.

Auch auf Branchenebene finden sich eine Reihe tarifpolitischer Koordinationsaktivitäten, wobei der Europäische Metallgewerkschaftsbund (EMB) herausragt. Schon in den 1970er Jahren gründete der EMB den sog. „Tarifpolitischen Ausschuss“ zum regelmäßigen Austausch zwischen den EU-Metallgewerkschaften im Hinblick auf Praxis und Ergebnis der jeweiligen Tarifpolitik[321]. Anfang der 1990er Jahre kam es zur verstärkten Institutionalisierung einer europaweit koordinierten Tarifpolitik[322]. Dazu gehören z.B. die 1999 institutionalisierte Datenbank über tarifliche Entwicklungen im Metallbereich (heute: EUCOB@N-Informationssystem), tarifpolitische Koordinationsleitlinien, regelmäßig tagende Gremien, interregionale Tarifpartnerschaften oder die Organisation europaweiter Kampagnen.

Gemeinsam ist derartigen Aktivitäten neben inhaltlichen Parallelen, dass die privatautonom geschlossenen Vereinbarungen und Leitlinien lediglich Selbstbindungscharakter haben und damit für Dritte keine Verbindlichkeit erzeugen. Die nationalen Branchen- und Betriebsgewerkschaften sind hinsichtlich ihres tarifpolitischen Handelns weiterhin vollständig autonom[323]. Eine unionsweite Festsetzung gewisser arbeitspolitischer Standards ist mit dem Instrument der Tarifkoordination folglich nicht möglich.

e) Ergebnis und Schlussfolgerungen

Je nach Verhandlungsebene, sind Lage und Ausprägung der europäischen Arbeitsbeziehungen differenziert zu bewerten. Zentral für die Europäische Union sind die beiden Ebenen des „Sozialen Dialogs“. Allerdings spielt angesichts des EBR bzw. SE-BR die Ebene europaweit agierender Unternehmen eine immer bedeutendere Rolle; gerade auch vor dem Hintergrund, dass sich diese Organe immer mehr zu transnationalen Verhandlungseinrichtungen weiterentwickeln[324]. Die Ebene der Tarifkoordination spielt zwar eine Rolle, ist aber wegen der meist regionalen Begrenztheit und des

---

[321] *Schulten,* WSI 1998, S. 489.
[322] *Schulten,* WSI 1998, S. 489f.; *Weiss* (2008), in: Konzen, S. 957, 967; *Schroeder / Weinert* (2003), in: Schroeder / Weßels, S. 555, 577.
[323] *Schroeder / Weinert* (2003), in: Schroeder / Weßels, S. 555, 577.
[324] *Rieble / Kolbe,* EuZA 2008, S. 480.

Koordinationscharakters eher als tarifpolitisches Instrument einzuordnen und weniger als eigenständige Ausprägung europäischer Arbeitsbeziehungen.

Gemeinsam ist allen Varianten die fehlende Verbindlichkeit ihrer Vereinbarungen gegenüber Dritten, i.d.R. den nationalen Dachverbänden und deren Mitgliedern[325]. Die Vereinbarungen entfalten lediglich schuldrechtliche Wirkung zwischen den Unterzeichnern[326]. Im Rahmen des „Sozialen Dialogs“ sind die EU-Sozialpartner hinsichtlich der normativen Wirkkraft ihrer Vereinbarung entweder auf die Transformation durch den Rat oder auf die Umsetzungsbereitschaft der nationalen Mitgliedsverbände angewiesen, sei es durch Freiwilligkeit oder vorhergehender Mandatserteilung zum Abschluss drittwirkender Vereinbarungen. Auch die von EBR und SE-BR mit der zUL geschlossenen Abkommen, sind in ihrer Rechtsqualität nicht zu vergleichen mit einer Betriebsvereinbarung deutschen Rechts. Eine Rechtsgrundlage für eine unmittelbare und zwingende Wirkkraft, wie sie § 77 Abs. 4 BetrVG für die Betriebsvereinbarung normiert, existiert im Europarecht nicht. Auch Vereinbarungen im Rahmen der Tarifkoordination haben für die Verbände vor Ort keinen automatischen Verpflichtungscharakter.

Folglich bedarf es gerade aus Perspektive der Arbeitnehmervertreter einer EU-Rechtsgrundlage, die europäischen Kollektivvereinbarungen die fehlende normative Wirkkraft für den jeweiligen Adressatenkreis verleihen würde. Der Vorschlag eines europäischen Rechtsrahmens für transnationale Kollektivvereinbarungen könnte u.U. helfen, dieses rechtliche Defizit zu beheben.

2. Der Ales-Entwurf als Lösungsvorschlag

Im Mittelpunkt des Entwurfs der Forschergruppe um *Edoardo Ales* steht die Auseinandersetzung mit der rechtlichen und inhaltlichen Ausgestaltung eines europäischen Rechtsrahmens für transnationale Kollektivvereinbarungen. Die Europäischen Sozialpartner EGB und BUSINESSEUROPE wurden im Rahmen der Konzepterarbeitung angehört, um deren Vorschläge und Einwände berücksichtigen zu können, wobei die Arbeitgeberseite - auch aufgrund ihrer ablehnenden Haltung gegenüber einem

---

[325] *Ales et al.*, Transnational collective bargaining: past, present and future - Final Report, S. 35; *Weiss* (2008), in: Konzen, S. 957, 972.

[326] *Schmidt*, EuZA 2008, S. 207.

derartigen Vorhaben - auf die inhaltliche Einflussmöglichkeit weitestgehend verzichtete[327].

Im Kern schlägt die Ales-Gruppe eine Richtlinie zur Verwirklichung des vorgesehenen Rechtsrahmens vor[328]. Das europäische Rechtsetzungsinstrument der Richtlinie zeichnet sich nach Art. 288 Abs. 3 AEUV durch ein zweistufiges Umsetzungsverfahren aus: Auf Unionsebene erlassen die entsprechenden Gesetzgebungsorgane eine Art Rahmenregelung; deren konkrete Umsetzung in nationales Recht wird dagegen den darin adressierten Mitgliedstaaten übertragen. Die in der Richtlinie verankerten Ziele - einschließlich formulierter Vorgaben, die der Zielerreichung dienen - sind für die Mitgliedstaaten verbindlich[329]. Diese haben damit die Verpflichtung, die praktische Wirksamkeit der Richtlinie zu gewährleisten, d.h. die Richtlinie muss im nationalen Recht so umgesetzt werden, dass die damit verbundenen Ziele und unabdingbaren Inhalte verwirklicht sind.[330]. Konkret würde dies bedeuten, dass das Ziel eines europäischen Rechtsrahmens für das Aushandeln und das Abschließen transnationaler Kollektivverträge Verbindlichkeit erlangt und infolge der jeweiligen nationalstaatlichen Richtlinienumsetzungen unionsweit institutionalisiert würde; in Deutschland z.B. durch die dann notwendige Novellierung des Betriebsverfassungs- und Tarifvertragsgesetzes.

Konzeptionell basiert der Ales-Vorschlag auf der Idee der „Verhandlungslösung“, allerdings mit einigen Abweichungen. Zentral für die inhaltliche Gestaltung der Ales-Richtlinie sind fünf Bausteine: (1.) das „Aktivierungsverfahren“, das mit einem Basiskollektivvertrag schließt[331], (2.) das sich anschließende „gemeinsame Verhandlungsgremium“ (GVG), das mit dem eigentlichen Kollektivvertrag endet, (3.) die mittelbare Rechtswirkung dieser Kollektivvereinbarung, (4.) der optionale und inhaltlich ergänzende Charakter der Kollektivvereinbarung und (5.) diverse Durchsetzungsmechanismen.

a) Aktivierungsverfahren

Konstitutiv für den Ales-Entwurf ist das „Aktivierungsverfahren“, das zum Abschluss eines ersten Basiskollektivvertrages führen soll, der dann wiederum als Gründungssta-

[327] *Ales et al.*, Transnational collective bargaining: past, present and future - Final Report, S. 6f..
[328] *Ales et al.*, Transnational collective bargaining: past, present and future - Final Report, S. 36.
[329] *Husmann*, NZS 2010, S. 658.
[330] *Haratsch et al.*, Europarecht, S. 161 Rn. 337.
[331] *Ales et al.*, Transnational collective bargaining: past, present and future - Final Report, S. 37ff.; *Rieble / Kolbe*, EuZA 2008, S. 453, 467ff..

tut und Handlungsgrundlage für das „gemeinsame Verhandlungsgremium" fungiert[332]. Hierbei ist die Frage zentral, wann und vor allem durch wen das besagte Verfahren in Gang gesetzt werden kann: Wem kommt das Initiativrecht zu, die optionale Rahmenrichtlinie zu aktivieren, d.h. als Rechtsgrundlage für die geplante Kollektivverhandlung nutzbar zu machen?

Berechtigt zur Aktivierung des Vorverfahrens sind allein die europäischen Sozialpartnerverbände auf branchenübergreifender und sektoraler Ebene[333]. Zu differenzieren ist dabei lediglich, ob die Aktivierung ohne oder mit einer diesbezüglichen Anfrage aus den EU-Staaten erfolgt. Unklar ist bei letzterem, ob dann für die EU-Sozialpartner eine Aktivierungspflicht besteht - was z.B. *Weiss* vertritt -, oder die Aktivierung weiterhin der Entscheidungsfreiheit der EU-Sozialpartner obliegt[334]. Der Entwurf selbst bleibt hinsichtlich der Verpflichtungsfrage wage, wie *Rieble / Kolbe* nicht zu Unrecht schreiben[335]. Vergleicht man die vorgesehenen Aktivierungsvarianten miteinander, liegt der Verpflichtungsgedanke von *Weiss* nicht unbedingt auf der Hand, ist aber auch nicht gänzlich auszuschließen. So sieht der Entwurf eine Reihe verschiedener und gleichrangiger Aktivierungsvarianten vor, die sich wie folgt einteilen lassen[336]: (1.) die freiwillige Aktivierung durch die EU-Sozialpartner, (2.) die Aktivierung durch die EU-Sozialpartner infolge einer Anfrage und (3.) die einseitige Aktivierung durch eine EU-Gewerkschaft infolge einer Unternehmensanfrage.

Bei der ersten Variante erfolgt die Aktivierung gemeinsam durch die EU-Sozialpartner auf Basis freiwilliger Übereinkunft[337]. Ein externer Antrag ist nicht notwendig. Dies entspricht etwa dem Verfahren des „Sozialen Dialogs"[338]. Die Initiatoren europäischer Kollektivverhandlungen sind folglich die EU-Sozialpartner selbst.

Bei der zweiten Variante ist das Vorliegen einer Anfrage nationaler Arbeitnehmervertreter und Arbeitgeber (bzw. der jeweiligen Verbände) für die Aktivierung erforderlich. Die EU-Sozialpartner aktivieren dabei den Rechtsrahmen wenn[339]: (1.) wenigstens jeweils zwei national verschiedene Gewerkschaften und Arbeitgeberverbände einer bzw. vergleichbaren Branche dies verlangen, (2.) ein EBR bzw. SE-BR und die

---

332 *Rieble / Kolbe,* EuZA 2008, S. 468.
333 *Ales et al.,* Transnational collective bargaining - Final Report, S. 37.
334 *Weiss* (2008), in: Konzen, S. 957, 972.
335 *Rieble / Kolbe,* EuZA 2008, S. 467f..
336 *Ales et al.,* Transnational collective bargaining - Final Report, S. 37.
337 *Ales et al.,* Transnational collective bargaining - Final Report, S. 37.
338 *Zachert* (2008), in: Maschmann, S. 529, 534.
339 *Ales et al.,* Transnational collective bargaining - Final Report, S. 37; *Rieble / Kolbe,* EuZA 2008, S. 467.

Unternehmensleitung eines transnationalen Unternehmens dies gemeinsam beantragen, und die dann zu verhandelnden Gegenstände aus dem Bereich der Unterrichtung und Anhörung stammen, (3.) ein EBR dies allein beantragt, um zu erreichen, dass eine bestimmte Materie Verhandlungsgegenstand der EU-Sozialpartner auf Branchenebene wird[340]. Initiatoren europäischer Kollektivverhandlungen sind damit die nationalen Sozialpartnerverbände einer Branche oder Vertreter transnational operierender Unternehmen.

Bei der dritten Variante ist für eine EU-Gewerkschaft auch die einseitige Aktivierung möglich, wenn diese auf Basis einer gemeinsamen Anfrage eines EBR / SE-BR und entsprechender Unternehmensleitung erfolgt. Eine einseitige Aktivierung ist zudem möglich bei alleiniger Anfrage der Unternehmensleitung eines transnationalen Unternehmens. Gerade das Vorsehen dieser dritten Variante und die dortige Fokussierung auf die europäische Gewerkschaftsseite ist eventuell damit erklärbar, dass die Arbeitgeberseite bei der zweiten Aktivierungsvariante doch das Recht hat, die Aktivierung des Rechtsrahmens zu verweigern. Dann hätte die Arbeitnehmerseite durch Existenz der dritten Variante die Möglichkeit, das „Aktivierungsverfahren" bei entsprechender Anfrage trotzdem noch in Gang zu setzen, um so zumindest den Belangen von einzelnen transnationalen Unternehmen - wie z.B. das Aushandeln und der Abschluss normativ wirkender EU-Unternehmensvereinbarungen - zu entsprechen.

Wie dargelegt, besteht die Hauptfunktion des Vorverhandlungsverfahrens in der Etablierung des GVG. Folglich ist die Ales-Rahmenrichtlinie nach einem zweistufigen Konstruktionsprinzip aufgebaut, dessen erste Stufe die Verhandlung *zum* „gemeinsamen Verhandlungsgremium" bildet und dessen zweite Stufe die Verhandlung *im* „gemeinsamen Verhandlungsgremium" darstellt. Vorgaben macht die Ales-Richtlinie lediglich hinsichtlich der Verhandlungsteilnehmer beider Verhandlungsstufen. Beschließen die EU-Sozialpartner gemeinsam die Aktivierung des Verfahrens - mit oder ohne Vorliegen einer Anfrage -, so sind sie es, die die Vorverhandlung inhaltlich gestalten. Nach der Ales-Konzeption soll in diesem Fall auch das GVG lediglich aus Vertretern der EU-Sozialpartner zusammengesetzt sein[341]. Der Einbezug eines EBR ist auf beiden Verhandlungsebenen nicht vorgesehen[342]; das gleiche gilt für die nationalen Sozialpartnerverbände.

---

340 *Ales et al.*, Transnational collective bargaining - Final Report, S. 37; *Rieble / Kolbe*, EuZA 2008, S. 467.
341 *Ales et al.*, Transnational collective bargaining - Final Report, S. 39.
342 *Ales et al.*, Transnational collective bargaining - Final Report, S. 39f..

Liegt hingegen eine einseitige Aktivierung seitens einer EU-Gewerkschaft vor, besitzt diese zusammen mit der jeweiligen Unternehmensleitung das Verhandlungsrecht im Vorverfahren. Diese legen dann gemeinsam die Ausgestaltung und Funktionsweise des GVG, das auf Unternehmensebene angesiedelt sein soll, fest[343]. Diesem sollen neben Mitgliedern der Unternehmensleitung, lediglich Vertreter der entsprechenden EU-Gewerkschaft angehören[344]. Dem EBR soll höchstens eine beratende Funktion zu stehen; aber nur dann, wenn er Mitauslöser der Aktivierung war[345].

Bemerkenswert ist, dass der Ales-Entwurf das Vertretungsrecht auf Seiten der Arbeitnehmer in beiden Verhandlungsstufen den supranationalen EU-Gewerkschaften zuteilt und zwar auch dann, wenn der EBR für die Aktivierung des Verfahrens Mitverantwortung trägt. Transnationale Kollektivverhandlungen sollen nach dem Ales-Entwurf grundsätzlich im Verantwortungsbereich der europäischen Gewerkschaftsvertreter liegen.

b) Gemeinsames Verhandlungsgremium

Das zentrale Gremium zur Aushandlung der im Fokus stehenden Materien bildet das GVG, das auf sektoraler und betrieblicher, nicht aber auf branchenübergreifender Ebene angesiedelt sein kann[346]. Die Ales-Richtlinie macht hinsichtlich der Vereinbarungslösung wenig formale Vorgaben. Lediglich die schriftliche Fixierung der ausgehandelten Inhalte ist vorgeschrieben und die Übermittlungspflicht an die EU-Kommission, die die Vereinbarung aus Transparenzgründen im Internet veröffentlichen soll[347]. Im Hinblick auf das eigentliche Verfahren im GVG, soll die zukünftige Richtlinie keine Vorgaben machen; Verfahrensfragen sollen Sache der beteiligten Akteure sein und im „Aktivierungsverfahren" ausgehandelt werden[348]. Materien, die in einem GVG Verhandlungsgegenstand sein könnten, wären nach Meinung der Konzeptautoren Themen mit transnationalem Bezug wie z.B. Umstrukturierung, Arbeitszeit, Aus- und Weiterbildung, Gleichbehandlung oder Arbeitnehmerentsendung[349].

---

[343] *Ales et al.*, Transnational collective bargaining - Final Report, S. 39.
[344] *Ales et al.*, Transnational collective bargaining - Final Report, S. 39.
[345] *Ales et al.*, Transnational collective bargaining - Final Report, S. 39; *Rieble / Kolbe*, EuZA 2008, S. 471.
[346] *Ales et al.*, Transnational collective bargaining - Final Report, S. 39. *Rieble / Kolbe*, EuZA 2008, S. 468f..
[347] *Ales et al.*, Transnational collective bargaining - Final Report, S. 39; *Weiss* (2008), in: Konzen, S. 957, 973.
[348] *Rieble / Kolbe*, EuZA 2008, S. 471f.; *Zachert*, in: Maschmann, S. 529, 535.
[349] *Ales*, ZESAR 2007, S. 153.

Die primäre Funktion des GVG ist also das Aushandeln und die Verabschiedung einer supranationalen Kollektivvereinbarung bzw. EU-Unternehmensvereinbarung mit jeweils bindender Wirkung[350]. Der Ales-Entwurf bleibt aber hinsichtlich der genauen Ausgestaltung der rechtlichen Wirkkraft recht ungenau[351]. Aufgrund der fehlenden demokratischen und repräsentativen Legitimation der EU-Sozialpartner, um uneingeschränkt für Dritte in Europa Recht setzen zu können, ist aber davon auszugehen, dass eine zwingend normative Wirkkraft über alle Branchen und bestehende Kollektivrechte in den einzelnen Mitgliedstaaten nicht vorgesehen ist bzw. dies aus rechtlicher Perspektive so auch nicht möglich wäre[352]. Dass die Verfasser der Studie eine derartige Bindewirkung auch nicht vorsehen, zeigt gerade der Hinweis, dass die jeweilige Vereinbarungslösung lediglich eine Ergänzung zu bestehenden nationalen Kollektivvereinbarungen sein soll: „EU-TCB *[EU-Transnational Collective Bargaining system, Anm. d. Verf.]* must be complementary to national collective bargaining systems. Such an additional level of bargaining should neither interfere with other existing national levels nor diminish the existing function of transnational tools *[Hervorhebungen im Text, Anm. d. Verf.]*"[353].

Der Ales-Entwurf sieht vielmehr vor, dass eine derartige Kollektivvereinbarung zur Durchsetzung einen eigenen Transformationsbeschluss der hierbei adressierten Unternehmen benötigt: „These agreements would not themselves have a legally binding effect, but acquire such an effect indirectly through their implementation by managerial decisions adopted by all national companies in the relevant sector"[354]. Der Ales-Entwurf will also, dass einer im GVG geschlossenen Kollektivvereinbarung mittelbare Rechtswirkung zukommt und damit ein zusätzlicher Umsetzungsakt vor Ort notwendig wird[355]. Die Rahmenrichtlinie soll lediglich festlegen, dass z.B. alle Unternehmen einer Branche, die einem nationalen Verband angehören, der seinerseits durch einen im GVG vertretenen europäischen Dachverband repräsentiert wird, verpflichtet sind, die Inhalte einer derartigen Kollektivvereinbarung im Rahmen von Unternehmensbeschlüssen umzusetzen[356]. Gleichzeitig sollen die Mitgliedstaaten durch die Richtlinie verpflichtet sein, diesen Beschlüssen, die nach den jeweiligen

350 *Weiss* (2008), in: Konzen, S. 957, 973; *Schmidt*, EuZA 2008, S. 208; *Ales*, ZESAR 2007, S. 154; *Ales et al.*, Transnational collective bargaining - Final Report, S. 36.

351 *Rieble / Kolbe*, EuZA 2008, S. 472.

352 *Rieble / Kolbe*, EuZA 2008, S. 473.

353 *Ales et al.*, Transnational collective bargaining - Final Report, S. 37; *Ales*, ZESAR 2007, S. 153.

354 *Ales et al.*, Transnational collective bargaining - Final Report, S. 36.

355 *Rieble / Kolbe*, EuZA 2008, S. 473.

356 *Rieble / Kolbe*, EuZA 2008, S. 473; *Schmidt*, EuZA 2008, S. 208.

gesetzlichen Bestimmungen zulässige Rechtsverbindlichkeit zu zuweisen: „These managerial decisions should [...] be recognized as legally binding in each EU Member State according to their law or practices“[357]. Im Ergebnis würde damit jede im GVG geschlossene Kollektivvereinbarung bzw. EU-Unternehmensvereinbarung exakt die Rechtskraft entfalten, die der gesetzliche Rahmen am jeweiligen Sitzstandort vorgibt. *Rieble / Kolbe* befürchten daher, dass sich die entsprechenden Kollektivvereinbarungen nicht „bruchlos und ergänzend“ in die unterschiedlichen nationalen Vereinbarungssysteme einfügen lassen werden. Vielmehr sei damit zu rechnen, dass es gerade im Fall konkurrierender Bestimmungen rechtliche Umsetzungsschwierigkeiten geben wird[358]. Um derartige Probleme auf nationaler Ebene zu verhindern, sieht der Ales-Entwurf vor, dass die EU-Kommission ein sog. „Advising Committee“ mit Mitgliedern aus den einzelnen Mitgliedstaaten institutionalisieren soll, mit der Aufgabe, die Implementierung der Richtlinie in den Mitgliedstaaten so zu koordinieren, dass hinsichtlich der nationalen Mittelwahl zur Verwirklichung der Richtlinienziele ein hoher Grad an Homogenität zwischen den Mitgliedstaaten herrscht und so ein Beitrag geleistet wird zur effektiven und kohärenten Umsetzung derartiger Vereinbarungslösungen[359]. Zur Durchsetzung der Kollektivvereinbarungen sieht die Ales-Konzeption ein von beiden Verhandlungsseiten einzurichtendes Kontrollgremium vor, das die korrekte Anwendung der Inhalte in den Unternehmen überwachen soll[360]. Bei fehlender Umsetzung, soll ein nicht näher erläutertes Durchsetzungsverfahren greifen[361]. Für die Rechtsdurchsetzung im Streitfall zwischen Arbeitgeber- und Arbeitnehmerseite vor Ort, sollen weiterhin die mitgliedstaatlichen Gerichte zuständig sein[362].

c) Potentielle Kompetenzgrundlagen zur Durchsetzung

Für die Umsetzung eines derartigen Rechtsrahmes bietet der Unionsvertrag mehrere potentielle Rechtsgrundlagen. Neben dem aufgrund der Materie naheliegenden Art. 153 AEUV sind die Artt. 114, 115 AEUV und Art. 352 AEUV weitere Rechtsgrundlagen. Die Ales-Gruppe schlägt für ihre Konzeption Art. 115 AEUV vor und würde

[357] *Ales et al.*, Transnational collective bargaining - Final Report, S. 36; *Schmidt*, EuZA 2008, S. 208.
[358] *Rieble / Kolbe*, EuZA 2008, S. 472; vgl. auch *Weiss* (2008), in: Konzen, S. 957, 973f..
[359] *Ales et al.*, Transnational collective bargaining - Final Report, S. 36.
[360] *Ales et al.*, Transnational collective bargaining - Final Report, S. 40; *Zachert*, in: Maschmann, S. 529, 535.
[361] *Ales et al.*, Transnational collective bargaining - Final Report, *Rieble / Kolbe*, EuZA 2008, S. 473.
[362] *Ales et al.*, Transnational collective bargaining - Final Report, S. 40; *Zachert*, in: Maschmann, S. 529, 535.

damit eine nicht originär sozialpolitische Rechtsgrundlage empfehlen[363]. Um die Entscheidung der Ales-Gruppe für Art. 115 AEUV bewerten zu können, wird im Folgenden untersucht, welche der genannten Kompetenzgrundlagen konkret für die Richtlinienumsetzung in Frage kommen könnten und welche nicht.

(aa) Art. 153 AEUV

In Kapitel III wurde dargelegt, dass für die EU-Sozialpolitik neben Art. 157 AEUV - der lediglich im Bereich der Geschlechtergleichstellung im Erwerbsleben Anwendung findet und damit für die hier zu regelnde Materie ausscheidet - Art. 153 AEUV die zentrale Kompetenznorm ist. Neben einer Auflistung der einzelnen Kompetenztatbestände beinhaltet Art. 153 AEUV unter Abs. 5 die Negativkompetenzen für die Materien „Arbeitsentgelt", „Koalitionsrecht", „Streikrecht" und „Aussperrungsrecht". Für die Rechtmäßigkeit einer Richtlinie, die auf der Rechtsgrundlage des Art. 153 AEUV basiert, ist damit u.a. entscheidend, dass konkrete Bestimmungen zu diesen Materien darin nicht enthalten sind.

Übertragen auf die Ales-Richtlinie impliziert dies - sollte diese auf Art. 153 AEUV gestützt werden -, dass beispielsweise Bestimmungen zur Festlegung des Entgeltniveaus bzw. zu Verfahren der Entgeltberechnung ausgeschlossen sind[364]. Hintergrund dieser Bereichsausnahme ist, dass damit die nationalstaatliche Tarifautonomie und das Wettbewerbsprinzip in der Europäischen Union geschützt werden sollen[365]. Allerdings ist nach der Rechtsprechung des EuGH auf Basis des Art. 153 AEUV nicht jede Regelung unzulässig, „die mit dem Arbeitsentgelt in irgendeinem Zusammenhang steh[t]"[366]. Regelungen, die primär andere Ziele als das Entgelt verfolgen, dafür aber auf das bestehende Entgeltniveau Bezug nehmen, fallen nicht unter Abs. 5 des Art. 153 AEUV[367]. Des Weiteren wären Bestimmungen in der Ales-Richtlinie unzulässig, die das Thema Arbeitskampf betreffen[368]; genauso Bestimmungen, die das Recht der Koalitionsbildung oder das Betätigungsrecht von Koalitionen einschränken[369].

Da die Ales-Konzeption im Hinblick auf die genannten Ausschlussmaterien keine spezifischen Bestimmungen enthält, wäre Art. 153 AEUV grundsätzlich eine

---

363 *Ales et al.*, Transnational collective bargaining - Final Report, S. 36.

364 *Rebhahn / Reiner*, in: Schwarze et al. (Hrsg.), EU-Kommentar, 2. Aufl., Art. 137 Rn. 57 EGV; z.B. EuGH, Rs. C-307/05, Del Cerro Alonso / Osakidetza-Servicio, Rn. 45f..

365 EuGH, Rs. C-307/05, Del Cerro Alonso / Osakidetza-Servicio, Rn. 40.

366 EuGH, Rs. C-307/05, Del Cerro Alonso / Osakidetza-Servicio, Rn. 41.

367 *Rebhahn / Reiner*, in: Schwarze et al. (Hrsg.), EU-Kommentar, 2. Aufl., Art. 137 Rn. 57 EGV.

368 *Rebhahn / Reiner*, in: Schwarze et al. (Hrsg.), EU-Kommentar, 2. Aufl., Art. 137 Rn. 59 EGV.

369 *Rebhahn / Reiner*, in: Schwarze et al. (Hrsg.), EU-Kommentar, 2. Aufl., Art. 137 Rn. 58 EGV.

potentielle Rechtsgrundlage. Gleichzeitig fehlt in der Konzeption aber eine Klausel, die gerade Themen wie Entgelt oder Arbeitskampf als Verhandlungsmaterien für das GVG explizit ausschließt, sodass sichergestellt wäre, dass z.B. Regelungen, die die Entgelthöhe bestimmen, nicht Bestandteil eines europaweit geltenden Kollektivvertrages werden können. Eine derartige Ausschlussregelung müsste die Ales-Richtlinie m.E. daher aufweisen; nur dann kann sie auf Art. 153 AEUV gestützt werden.

Der konkrete Kompetenztatbestand wäre dann evtl. Art. 153 lit. f AEUV. Danach hat die Union die Kompetenz, zur Realisierung der Ziele aus Art. 151 AEUV die „Vertretung und kollektive Wahrnehmung der Arbeitnehmer- und Arbeitgeberinteressen, einschließlich der Mitbestimmung, vorbehaltlich des Absatzes 5“, inhaltlich auszugestalten. Nach h.M. bezieht sich lit. f in erster Linie auf die kollektive Vertretung der Arbeitnehmerinteressen auf der Betriebs- und Unternehmensebene; das Thema der Arbeitnehmermitbestimmung steht also im Zentrum[370]. Die Union ist befugt, Mindestreglungen zur Errichtung und Organisation entsprechender Mitbestimmungsgremien zu erlassen[371]. Nach *Rebhahn / Reiner* oder *Löwisch / Rieble* bezieht lit. f aber auch die überbetriebliche Ebene mit ein, da die „Vertretung und kollektive Wahrnehmung der [...] Arbeitgeberinteressen“ explizit erwähnt wird und dies wiederum nur durch Verbandstarifverträge möglich sei[372]. Demnach hätte die Union eine Kompetenz zur Regelung kollektiver Verhandlungen auf betrieblicher wie überbetrieblicher Ebene. Allerdings begrenzt lit. f die eingeräumte Handlungskompetenz gleichzeitig auf solche Materien, die nicht unter die Negativkompetenzen des Abs. 5 von Art. 153 AEUV fallen. Demzufolge wäre die Union nicht befugt, Regelungen zu beschließen, die das „Koalitionsrecht“ betreffen[373].

Grundsätzlich umfasst das „Koalitionsrecht“ u.a. das Recht der Koalitionsbildung, das Recht Koalitionen beizutreten oder fernzubleiben, das Recht eigene Satzungen zu beschließen und das Recht Koalitionsverhandlungen zu führen[374]. Das „Koalitionsrecht“ sichert damit die Voraussetzungen, Struktur und Erreichbarkeit der Ziele von Koalitionen[375]. Aus der getrennten Aufführung von „Koalitionsrecht[.] und [..]

---

370 *Rebhahn / Reiner,* in: Schwarze et al. (Hrsg.), EU-Kommentar, 2. Aufl., Art. 137 Rn. 49 EGV; *Eichenhofer,* in: Streinz (Hrsg.), EU-Kommentar, 2. Aufl., Art. 153 Rn. 21 AEUV.

371 *Högel,* in: von der Groeben / Schwarze (Hrsg.), EU-Kommentar, Bd. 3, 6. Aufl., Art. 137 Rn. 26 EG.

372 *Rebhahn / Reiner,* in: Schwarze et al. (Hrsg.), EU-Kommentar, 2. Aufl., Art. 137 Rn. 50 EGV; *Löwisch / Rieble,* Tarifvertragsgesetz - Kommentar, Grundlagen S. 112, Rn. 420.

373 *Krebber,* in: Calliess / Ruffert (Hrsg.), EUV/EGV Kommentar, 3. Aufl., Art. 137 Rn. 11 EGV; *Löwisch / Rieble,* Tarifvertragsgesetz - Kommentar, Grundlagen S. 112, Rn. 421.

374 *Högel,* in: von der Groeben / Schwarze (Hrsg.), EU-Kommentar, Bd. 3, 6. Aufl., Art. 137 Rn. 43 EG.

375 *Högel,* in: von der Groeben / Schwarze (Hrsg.), EU-Kommentar, Bd. 3, 6. Aufl., Art. 137 Rn. 43 EG.

Kollektivverhandlungen" in Art. 156 AEUV kann aber auch geschlossen werden, dass unter den Begriff „Koalitionsrecht" das Thema der Kollektivverhandlungen nicht in seiner Gänze zu subsumieren ist[376]. Diese Vermutung wird durch die EuGH-Rechtsprechung gestützt, dass die in Art. 153 Abs. 5 AEUV aufgeführten Bereiche eng auszulegen sind, damit nicht die Relevanz und Tragweite der in den Abs. 1 bis 4 aufgeführten Materien und Bestimmungen „ungebührlich beeinträchtigt wird" bzw. die Ziele des Art. 151 AEUV nicht erreichbar sind[377]. Demnach wäre vor dem Hintergrund der getrennten Aufführung beider Begrifflichkeiten in Art. 156 AEUV und enger Auslegung des Gegenstandbereiches „Koalitionsrecht", das umfängliche Thema der Kollektivverhandlung nur teilweise von der Regelungsbefugnis der Union ausgenommen[378].

Die Regelungsschranke gilt bei dieser Argumentation dann weiterhin für das Betätigungsrecht als solches. Unionsregelungen, die geeignet sind das Betätigungsrecht so einzuschränken, dass nationale Koalitionen dieses Recht nicht mehr oder nur noch begrenzt ausüben können, sind nach wie vor ausgeschlossen. Aber Unionsregelungen, die lediglich Rahmenbedingungen - vergleichbar mit dem deutschen TVG - für europäische Kollektivverhandlungen formulieren, würden bei enger Auslegung von Abs. 5 nicht unter das „Koalitionsrecht" fallen, da derartige Regelungen infolge ihres Rahmencharakters eher zur Funktionsfähigkeit der Koalitions- und damit Betätigungsfreiheit beitragen würden, wenn diese z.B. festlegten, welche Rechtswirkung europäischen Kollektivnormen zukommt oder wie vor allem Kollisionsfragen im Fall entgegenstehender nationaler Tarifnormen zu lösen sind. Würde das „Koalitionsrecht" also eng ausgelegt, wäre eine europäische Rahmenregelung für Kollektivverhandlungen in relativ begrenztem Umfang u.U. möglich[379].

Im Ergebnis wäre auf Basis dieser Argumentation die Ales-Richtlinie auf Art. 153 lit. f AEUV stützbar - jedoch nur solange sie keine Regelungen enthält, die die genannten Ausschlussmaterien betreffen. Auch müssten die übrigen inhaltlichen Kompetenzschranken des Art. 153 AEUV beachtet werden. Da der Ales-Entwurf zu beiden Punkten keinerlei Angaben enthält, so aber die Möglichkeit besteht, dass entsprechende Vereinbarungen im GVG zulässig wären und damit gegen beide Vorgaben

---

[376] *Löwisch / Rieble,* Tarifvertragsgesetz - Kommentar, Grundlagen S. 112, Rn. 421.
[377] EuGH, Rs. C-307/05, Del Cerro Alonso / Osakidetza-Servicio, Rn. 39.
[378] *Högel,* in: von der Groeben / Schwarze (Hrsg.), EU-Kommentar, Bd. 3, 6. Aufl., Art. 137 Rn. 43 EG.
[379] *Rebhahn / Reiner,* in: Schwarze et al. (Hrsg.), EU-Kommentar, 2. Aufl., Art. 137 Rn. 50 u. Rn. 58 EGV.

verstießen, kommt Art. 153 lit. f AEUV als Kompetenzgrundlage im konkreten Fall nicht in Frage.

(bb) Artt. 114, 115 AEUV

Die Ales-Gruppe schlägt Art. 115 AEUV als Rechtsgrundlage für die Rahmenrichtlinie vor[380]. Damit bevorzugt sie eine Rechtsnorm, die primär zur Rechtsangleichung innerstaatlicher Vorschriften gedacht ist, um damit das Binnenmarktziel aus Art. 26 AEUV zu erreichen bzw. das Funktionieren des Binnenmarktes sicherzustellen. Neben Art. 115 EUV sieht der Unionsvertrag dazu auch Art. 114 AEUV vor, der 1986 im Rahmen der *EEA* eingeführt wurde, um damit das Binnenmarktprogramm der Kommission aus dem Jahr 1985 - durch Einführung des Mehrheitsprinzips im Rat für Maßnahmen der Rechtsangleichung - effektiver umsetzen zu können[381]. Grundlegender Unterschied zwischen beiden Kompetenznormen ist daher die Beschlussfassungsregel im Rat: Mehrheitsprinzip bei Art. 114 AEUV, Einstimmigkeitsprinzip bei Art. 115 AEUV. Was Auslegung und Anwendung beider Kompetenznormen anbelangt, bestehen nur geringfügige Unterschiede[382]. Für die Anwendbarkeit beider Kompetenznormen ist aber zu beachten, dass Art. 115 AEUV die Allgemeinklausel und Art. 114 AEUV die spezielle Klausel zur Binnenmarktregulierung darstellt und damit im Fall gleicher Anwendbarkeit als *lex specialis* Art. 115 AEUV verdrängt[383]. Folglich ist Art. 114 AEUV die eigentliche Kompetenznorm zur Rechtsangleichung im Binnenmarkt. Allerdings ist Art. 114 AEUV nach Abs. 2 nicht anwendbar für Bestimmungen über Steuern, Freizügigkeit und Arbeitnehmerinteressen. Art. 114 AEUV weist also u.a. eine Bereichsausnahme für den Gegenstandsbereich der Arbeit auf[384], die zumindest dann gilt, wenn das Hauptziel des Rechtsaktes die Verbesserung der Arbeitsumwelt ist[385]. Wäre dies lediglich positiver Nebeneffekt des Rechtsaktes, weil dieser primär produktspezifische Bestimmungen enthält, die dem freien Warenverkehr dienen, wäre u.U. auch Art. 114 AEUV anwendbar[386].

Angesichts des eindeutigen Bezugs der Ales-Richtlinie zum Thema Arbeit und dem gleichzeitigen Fehlen eines Produktbezugs kommt folglich nur Art. 115 AEUV als

---

[380] *Ales et al.*, Transnational collective bargaining - Final Report, S. 36.
[381] *Herrnfeld,* in: Schwarze et al. (Hrsg.), EU-Kommentar, 2. Aufl., Art. 94 Rn. 3 EGV.
[382] *Herrnfeld,* in: Schwarze et al. (Hrsg.), EU-Kommentar, 2. Aufl., Art. 94 Rn. 6 EGV.
[383] *Haratsch et al.*, Europarecht, S. 483 Rn. 941; *Herrnfeld,* in: Schwarze et al. (Hrsg.), EU-Kommentar, 2. Aufl., Art. 95 Rn. 9 EGV.
[384] *Herrnfeld,* in: Schwarze et al. (Hrsg.), EU-Kommentar, 2. Aufl., Art. 95 Rn. 16ff. EGV.
[385] *Herrnfeld,* in: Schwarze et al. (Hrsg.), EU-Kommentar, 2. Aufl., Art. 95 Rn. 19 EGV.
[386] *Herrnfeld,* in: Schwarze et al. (Hrsg.), EU-Kommentar, 2. Aufl., Art. 95 Rn. 19 EGV.

Rechtsgrundlage in Frage. Aufgrund des subsidiären Charakters der Artt. 114, 115 AEUV gegenüber den Artt. 153, 157 AEUV für den Fall, dass ein Rechtsakt primär sozialpolitisch motiviert ist, kann Art. 115 AEUV nur dann als Rechtsgrundlage für die Ales-Richtlinie in Betracht kommen, wenn diese in ihrer Grundausrichtung bestehende Funktionsdefizite des Binnenmarktes beheben will und kann[387]. Kern beider Kompetenzgrundlagen ist demzufolge, dass sie lediglich dann anwendbar sind, wenn die damit gestützten Rechtsakte unmittelbar der Errichtung oder dem Funktionieren des Binnenmarktes dienen. Damit verleihen beide Kompetenznormen der Union keine allgemeine Rechsetzungsbefugnis im Binnenmarkt[388].
Da das Binnenmarktziel zwischenzeitlich größtenteils erreicht wurde[389], steht im Mittelpunkt der Frage, ob Art. 115 AEUV als Rechtsgrundlage für die Ales-Richtlinie geeignet ist, dessen Beitrag zur Funktionsfähigkeit des Binnenmarktes. Zu prüfen ist, ob eine entsprechende Funktionsstörung bzw. Wettbewerbsverzerrung im Binnenmarkt vorliegt, die durch unterschiedliche Rechts- und Verwaltungsvorschriften in den Mitgliedstaaten unmittelbar verursacht wird und inwiefern die Rahmenrichtlinie dann geeignet ist, durch Rechtsangleichung diese Störung zu beheben.

(1) Binnenmarkt: Verkehrshindernisse

Nach Art. 26 Abs. 2 AEUV umfasst der Binnenmarkt „einen Raum ohne Binnengrenzen, in dem der freie Verkehr von Waren, Personen, Dienstleistungen und Kapital [...] gewährleistet ist". Die Funktionsfähigkeit des Binnenmarktes hängt damit primär davon ab, dass die Mitgliedstaaten alle Maßnahmen unterlassen, die den in Art. 26 Abs. 2 aufgeführten Grundfreiheiten entgegenstehen, d.h. dass keine nationalen Regelungen bestehen oder erlassen werden, die z.B. durch Markzutrittsschranken oder Ungleichbehandlungen den innereuropäischen Verkehr der genannten Faktoren behindern oder ausschließen[390]. Da den Grundfreiheiten eine unmittelbare Geltung zukommt, haben deren Bestimmungen Anwendungsvorrang gegenüber entgegenstehenden nationalstaatlichen Regelungen; eine spezifische unionsseitige Rechtsanglei-

[387] *Herrnfeld,* in: Schwarze et al. (Hrsg.), EU-Kommentar, 2. Aufl., Art. 94 Rn. 13f. u. Art. 95 Rn. 19 EGV.
[388] *Herrnfeld,* in: Schwarze et al. (Hrsg.), EU-Kommentar, 2. Aufl., Art. 95 Rn. 6.
[389] *Hatje,* in: Schwarze et al. (Hrsg.), EU-Kommentar, 2. Aufl., Art. 14 Rn. 18 EGV.
[390] Die „Grundfreiheiten" sind im Einzelnen: „Warenverkehrsfreiheit" (Art. 28ff. AEUV), „Dienstleistungsfreiheit" (Art. 56ff. AEUV), „Kapitalverkehrsfreiheit" (Art. 63ff. AEUV), „Arbeitnehmerfreizügigkeit" (Art. 45ff. AEUV) und „Niederlassungsfreiheit" (Art. 49ff. AEUV).

chung ist also nicht mehr erforderlich[391]. Existieren in einzelnen Mitgliedstaaten diskriminierende und / oder beschränkende Regelungen, die jedoch durch vertragliche Ausnahmeregelungen, Bereichsausnahmen oder durch „zwingende Erfordernisse“ des Allgemeininteresses im Sinn der „Cassis de Dijon-Rechtsprechung“ des EuGH[392] erlaubt sind, liegt eine Funktionsstörung des Binnenmarktes zwar vor, die lediglich theoretisch mit Hilfe einer Rechtsangleichung auf Basis der Artt. 114, 115 AEUV behoben werden könnte[393].

(2) Binnenmarkt: Wettbewerbsverzerrungen

Die Funktionsfähigkeit des Binnenmarktes ist ebenfalls beeinträchtigt, wenn unterschiedliche nationalstaatliche Regelungen und Vorschriften bestehen, die speziell die unternehmerische Tätigkeit behindern (vgl. Art. 116 AEUV)[394]. Auch in diesem Fall ist eine Rechtsangleichung auf Basis der Artt. 114, 115 AEUV möglich. Allerdings hat der EuGH die Rechtsangleichung im Binnenmarkt grundsätzlich an die Bedingung geknüpft, dass infolge der nationalstaatlichen Regelung eine unmittelbare, also tatsächliche bzw. spürbare Funktionsstörung im Binnenmarkt vorliegt oder akut droht[395]. Eine Rechtsangleichungsbefugnis zur Beseitigung von regulierungsbedingten Wettbewerbsunterschieden in den Mitgliedstaaten, ist damit für die Union durch die Artt. 114, 115 AEUV nicht automatisch gegeben[396]. Geringfügige Wettbewerbsunterschiede sind folglich durch das Mittel der Rechtsangleichung nicht beseitigbar[397]. Wäre dem nicht so, bestünde eine allgemeine Kompetenz für die Union zur Regelung des Binnenmarktes und würde damit dem „Prinzip der begrenzten Einzelermächtigung" widersprechen[398]. Damit ist auch jenes Argument, dass z.B. Art. 115 AEUV schon dann als Rechtsgrundlage zur Verfügung stünde, wenn der entsprechende Rechtsakt nur dazu beiträgt, die bestehende Funktionsweise des Binnenmarktes zu verbessern, diesen im ökonomischen Sinn also effizienter macht, nicht haltbar[399]. Das

---

[391] *Haratsch et al.*, Europarecht, S. 338 Rn. 691; *Herrnfeld,* in: Schwarze et al. (Hrsg.), EU-Kommentar, 2. Aufl., Art. 94 Rn. 17 EGV.
[392] EuGH, Rs. C-120/78, Rewe / Bundesmonopolverwaltung für Branntwein, Rn. 8.
[393] *Herrnfeld,* in: Schwarze et al. (Hrsg.), EU-Kommentar, 2. Aufl., Art. 94 Rn. 13 u. Art. 95 Rn. 5 EGV; *Kahl,* in: Calliess / Ruffert (Hrsg.), EUV/EGV Kommentar, 3. Aufl., Art. 95 Rn. 13 EGV.
[394] *Herrnfeld,* in: Schwarze et al. (Hrsg.), EU-Kommentar, 2. Aufl., Art. 95 Rn. 5 EGV.
[395] *Herrnfeld,* in: Schwarze et al. (Hrsg.), EU-Kommentar, 2. Aufl., Art. 94 Rn. 15 EGV; EuGH, Rs. C-376/98, Deutschland / Parlament und Rat, Rn. 106.
[396] *Haratsch et al.,* Europarecht, S. 484 Rn. 943.
[397] EuGH, Rs. C-376/98, Deutschland / Parlament und Rat, Rn. 107.
[398] EuGH, Rs. C-376/98, Deutschland / Parlament und Rat, Rn. 83.
[399] *Herrnfeld,* in: Schwarze et al. (Hrsg.), EU-Kommentar, 2. Aufl., Art. 94 Rn. 15 EGV; *Prunzel,* Der „Europäische Sozialkonsens“ als Instrument zur Stärkung des „Europäischen Sozialmodells“, S. 185.

Kriterium der „Spürbarkeit" setzt ja gerade voraus, dass die Funktionsfähigkeit des Binnenmarktes deutlich beschränkt ist und diese erst wieder hergestellt werden muss. Allerdings ist in Ausnahmefällen eine sog. „präventive Rechtsangleichung" durchaus möglich, z.B. um auf technische Entwicklungen frühzeitig und effektiv reagieren zu können[400].

Grundsätzlich gilt im Bereich der Funktionsstörungen, dass die Artt. 114, 115 AEUV nur anwendbar sind, wenn die Störungen und Verfälschungen durch staatliche Regulierungen verursacht wurden, also ein Kausalzusammenhang besteht zwischen Ursache und Wirkung[401]. Damit sind Wettbewerbsverfälschungen, die von Seiten privatwirtschaftlicher oder öffentlicher Unternehmen ausgehen, nicht Gegenstand beider Kompetenznormen. Der notwendige Wettbewerbsschutz wird in diesen Fällen insbesondere über die unmittelbar wirkenden Artt. 101, 102 AEUV sichergestellt[402].

(3) Schlussfolgerungen

Für die Ales-Richtlinie bedeutet die vorangegangene Analyse der beiden Kompetenznormen Artt. 114, 115 AEUV, dass aufgrund der Bereichsausnahme der Arbeitnehmerinteressen Art. 114 AEUV als Kompetenzgrundlage ausscheidet. Damit kommt lediglich Art. 115 AEUV als Rechtsgrundlage in Betracht. Dies entspricht dem Ergebnis der Ales-Gruppe, die ebenfalls Art. 115 AEUV präferiert[403]. Das dabei zugrundeliegende Argument ist, mit Hilfe der Rahmenrichtlinie nationalstaatlich induzierte Wettbewerbsverfälschungen im Binnenmarkt beseitigen zu wollen, um sowohl ökonomischen als auch sozialen Zielvorstellungen im Unionsvertrag gerecht zu werden[404]. Die Argumentation entspricht damit im Grundsatz den Anwendungskriterien des Art. 115 AEUV. Entweder muss für dessen Anwendbarkeit eine allg. Funktionsstörung oder eben eine Wettbewerbsverfälschung im Binnenmarkt vorliegen, wobei in beiden Fällen staatliche Regulierungen der Ursprung sind. Allerdings unterlassen es die Konzeptautoren, detaillierter auf die von Ihnen thematisierten Wettbewerbsverfälschungen einzugehen, um damit einen Nachweis zu liefern, inwiefern die zentralen Kriterien des Art. 115 AEUV für eine Rechtsangleichung erfüllt sind.

---

400 *Herrnfeld,* in: Schwarze et al. (Hrsg.), EU-Kommentar, 2. Aufl., Art. 94 Rn. 9 EGV.
401 *Herrnfeld,* in: Schwarze et al. (Hrsg.), EU-Kommentar, 2. Aufl., Art. 94 Rn. 15 EGV.
402 *Brinker,* in: Schwarze et al. (Hrsg.), EU-Kommentar, 2. Aufl., Art. 81 Rn. 1 EGV.
403 *Ales et al.,* Transnational collective bargaining - Final Report, S. 36.
404 *Ales et al.,* Transnational collective bargaining - Final Report, S. 36.

Ohne eine eingehende Analyse vornehmen zu wollen, die über den eigentlichen Zweck der Untersuchung hinausgehen würde, ist aber m.E. doch erkennbar, dass schwerwiegende Funktionsstörungen des Binnenmarktes, hervorgerufen durch entsprechende Nationalregelungen, gegenwärtig nicht bestehen, die gleichsam - und das ist entscheidend - durch die Etablierung des Ales-Rechtsrahmens beseitigbar wären. Ungleiche Wettbewerbsbedingungen aufgrund heterogener Standortbedingungen, zu denen aus ökonomischer Perspektive insbesondere die unterschiedlichen tarifpolitisch und staatlich induzierten Arbeitskostenniveaus gehören, existieren in der Europäischen Union aber sehr wohl (vgl. *Tabelle 2*).

Tabelle 2: *Arbeits- und Lohnnebenkosten in EU-Mitgliedstaaten (2011)*

EU-Land	Arbeitskosten (€) pro geleisteter Stunde	Lohnnebenkosten auf 100 € Bruttoentgelt
Schweden	39,10	52,00
Dänemark	38,90	15,00
Frankreich	34,20	50,00
Deutschland	30,10	28,00
Italien	26,70	41,00
Spanien	20,60	37,00
Großbritannien	20,10	16,00
Portugal	12,10	26,00
Tschechische Rep.	10,50	37,00
Ungarn	7,60	34,00
Polen	7,10	20,00
Rumänien	4,50	31,00
Europäische Union	**22,80**	**32,00**
Euro-Währungsraum	**27,70**	**36,00**

Quelle: Statistisches Bundesamt, EU-Vergleich der Arbeits- und Lohnnebenkosten für das Jahr 2011.

Das Arbeitskostenniveau in der Europäischen Union lag im Jahr 2011 bei durchschnittlich 22,80 Euro. Eine Arbeitsstunde in Deutschland kostete durchschnittlich 30,10 Euro. Unternehmen der Privatwirtschaft mussten damit in Deutschland 32 Prozent mehr für eine geleistete Arbeitsstunde bezahlen als im Durchschnitt der Europäischen Union üblich. Bezogen auf den Euroraum kostete eine deutsche Arbeitsstunde immer noch 9 Prozent mehr als im Vergleich zum entsprechenden Durchschnittswert von 27,70 Euro. Im Vergleich zu den Lohnnebenkosten, die größtenteils die Arbeitgeberbeiträge zu den Sozialversicherungen und sonstige arbeitsrechtlich induzierten Kosten beinhalten, ergibt sich für das Jahr 2011, dass im EU-Durchschnitt auf 100 Euro zusätzlich 32 Euro an Lohnnebenkosten anfielen. Deutschland liegt in diesem Bereich mit 28 Euro gut 4 Euro darunter. Länder wie Schweden und Frankreich, aber auch Ungarn und die Tschechische Republik, liegen z.T. deutlich über dem Durchschnitt. Deutlich wird damit, ohne auf die produktivitätsbasierten Lohnstückkosten der einzelnen Länder eingehen zu wollen, dass innerhalb der Europäischen Union eine erhebliche Spannweite im Bereich der Arbeitskosten existiert und damit der Produktionsfaktor Arbeit unterschiedlich teuer ist. Die Spannweite ist aber keineswegs nur tarifpolitischen Ursprungs, sondern hängt ganz wesentlich auch von der Finanzierungsart der jeweiligen Sozialversicherungssysteme, der diesbezüglichen Abgabenhöhe und dem Ausmaß arbeitsrechtlicher Regulierung ab. Je niedriger z.B. die Sozialversicherungsabgaben sind, weil beispielsweise die soziale Sicherung nicht über den Faktor Arbeit, sondern überwiegend durch das Steuersystem finanziert wird, desto geringer ist auch der diesbezügliche Lohnnebenkostenanteil.

Folglich sind neben den nationalen Tarifparteien auch die unterschiedlichen arbeits- und sozialpolitischen Regelungen der Mitgliedstaaten für die ungleiche Wettbewerbssituation in der Union verantwortlich; das notwendige Kriterium der Wettbewerbsverzerrung wäre demnach erfüllt. Allerdings sind unterschiedliche Standortbedingungen nicht automatisch durch das Mittel der Rechtsangleichung beseitigbar[405]. Auch das notwendige Kriterium der „spürbaren Funktionsstörung“ des Binnenmarktes ist durch die unterschiedlich hohen Arbeitskostenniveaus nicht automatisch gegeben, da Preiswettbewerbe immer auch konstitutives Element eines Marktes bzw. der „sozialen Marktwirtschaft“ sind, deren Prinzipien die Europäische Union zudem seit Lissabon explizit verpflichtet ist (Art. 3 Abs. 3 EUV). Da ein entsprechender Rechtsrahmen für transnationale Kollektivverhandlungen ferner keine Entgeltbestimmungen aufweisen darf, ist nicht ersichtlich, wie eine derartige Rahmenrichtlinie einen Beitrag leisten könnte zum Abbau der unterschiedlichen Arbeitskostenniveaus.

Anderweitig staatlich induzierte Wettbewerbsverfälschungen, die neben dem Kriterium der *Kausalität* auch das der *Spürbarkeit* erfüllen und mit zulässigen Inhalten eines unionsweiten Kollektivertrages beseitigbar wären, sind wiederum nicht erkennbar. Damit dürfte Art. 115 AEUV nicht geeignet sein, um als belastbare

[405] EuGH, Rs. C-376/98, Deutschland / Parlament und Rat, Rn. 107.

Rechtsgrundlage zur Durchsetzung der Ales-Rahmenrichtlinie herangezogen zu werden.

(cc) Art. 352 AEUV

Eine weitere potentielle Rechtsgrundlage für die Ales-Richtlinie könnte die Kompetenzergänzungsklausel sein, deren Anwendbarkeit nicht an einen spezifischen im Unionsvertrag verankerten Politikbereich gebunden ist. Art. 352 AEUV ist grundsätzlich für alle „in den Verträgen festgelegten Politikbereiche" heranziehbar; Ausnahme hiervon ist der Bereich der „Gemeinsamen Außen- und Sicherheitspolitik" (vgl. Art. 352, Abs. 1 und 4 AEUV). So wurden beispielsweise auf Basis des Art. 308 EGV a.F. die SE-BeteiligungsRL und SCE-BeteiligungsRL durchgesetzt.

Kern des Art. 352 AEUV ist die darin enthaltende Generalermächtigung zur Rechtsetzung für den Fall, dass zur Verwirklichung eines bestimmten Vertragsziels ein Handeln der Union als erforderlich erachtet wird, dafür aber die notwendige Kompetenzgrundlage fehlt[406]. Allerdings begründet Art. 352 AEUV keine Kompetenz-Kompetenz[407]. Wäre dem nicht so, würde gegen das grundlegende Unionsprinzip der „begrenzten Einzelermächtigung" verstoßen. Entscheidend für die Anwendbarkeit des Art. 352 AEUV ist, dass im Vertrag eine Zielformulierung besteht, die auf Basis der vertraglichen Kompetenzen nicht oder nur unzureichend erreichbar ist[408]. Damit ist Art. 352 AEUV immer dann anwendbar, wenn der Unionsvertrag zur Zielerreichung keinerlei Kompetenzgrundlagen bietet oder aber eine spezifische Kompetenzgrundlage vorliegt, die jedoch aufgrund materieller oder formaler Aspekte zur Zielerreichung nicht ausreicht[409]. Materiell unzureichend ist eine Kompetenznorm, wenn sie das entsprechende Politikfeld nicht ausreichend erfassen kann[410]. Formal unzureichend ist eine Kompetenznorm, wenn eine bestimmte Rechtsaktform vorgeschrieben ist, die aber im konkreten Fall der Zielerreichung nicht genügt[411]. Seit dem Vertrag von Lissabon gilt nach Art. 352 Abs. 3 AEUV zusätzlich, dass hierauf gestützte Maßnahmen keine Rechtsharmonisierung herbeiführen dürfen, wenn dies für das betreffende Sachgebiet vertraglich ausgeschlossen ist.

---

[406] *Haratsch et al.*, Europarecht, S. 90 Rn. 171.
[407] *Geiss*, in: Schwarze et al. (Hrsg.), EU-Kommentar, 2. Aufl., Art. 308 Rn. 4 EGV; *Haratsch et al.*, Europarecht, S. 90 Rn. 172.
[408] *Geiss*, in: Schwarze et al. (Hrsg.), EU-Kommentar, 2. Aufl., Art. 308 Rn. 18 EGV.
[409] *Geiss*, in: Schwarze et al. (Hrsg.), EU-Kommentar, 2. Aufl., Art. 308 Rn. 20 EGV.
[410] *Geiss*, in: Schwarze et al. (Hrsg.), EU-Kommentar, 2. Aufl., Art. 308 Rn. 21 EGV.
[411] *Geiss*, in: Schwarze et al. (Hrsg.), EU-Kommentar, 2. Aufl., Art. 308 Rn. 22 EGV.

Im Zusammenhang mit der Ales-Richtlinie kann damit für die Anwendbarkeit des Art. 352 AEUV folgendes festgehalten werden: Da Art. 153 lit. f AEUV bei Einhaltung der genannten Kriterien und entsprechender Auslegung eine gangbare Kompetenzgrundlage für die Umsetzung der Ales-Rahmenrichtlinie darstellt, und Art. 352 AEUV bei Vorliegen einer zieladäquaten Kompetenznorm subsidiär anzuwenden ist, kommt Art. 352 AEUV nicht als Rechtgrundlage für die Ales-Richtlinie in Frage.

(dd) Prüfergebnis

Im Ergebnis würde zur Umsetzung der Ales-Rahmenrichtlinie also lediglich Art. 153 lit. f AEUV in Frage kommen, allerdings nur, wenn entsprechende Bestimmungen in der Richtlinie aufgenommen würden, die festlegten, dass Vereinbarungen im GVG keine Verhandlungsgegenstände aus dem Bereich des Art. 153 Abs. 5 AEUV enthalten dürfen und zudem die Vereinbarungsergebnisse den allgemeinen Kriterien des Art. 153 AEUV genügen müssen. Letztlich kann Art. 153 lit. f AEUV nur dann als Kompetenzgrundlage herangezogen werden, wenn die europarechtliche Rahmenregelung von EU-Kollektivverhandlungen nicht unter die Negativkompetenz „Koalitionsrecht" aus Art 153 Abs. 5 AEUV fällt. Dies ist wiederum nur bei enger Auslegung der Fall.

d) Gesamtbewertung

Der Ales-Entwurf entspricht in seinem Grundcharakter dem Konzept der VL, allerdings mit Unterschieden. So steht im Mittelpunkt der „Verhandlungslösung" das „besondere Verhandlungsgremium", dessen Funktion die Aushandlung und Verabschiedung einer Vereinbarung zur Einrichtung eines EBR / SE-BR bzw. eines Verfahrens zur Anhörung und Unterrichtung ist. Bis auf die Zusammensetzung, sind alle übrigen Modalitäten hinsichtlich Funktionsweise und Entscheidungsprozesse eines BVG von dessen Mitgliedern durch ein Statut zu beschließen. Der Ales-Entwurf sieht genau hierfür das Vorverhandlungsverfahren vor, dessen Funktion die Verabschiedung eines Basiskollektivvertrages ist, der wiederum die Verfahrens- und Beschlussmodalitäten des eigentlichen Verhandlungsgremiums festlegt. Analog würde damit einem BVG ein zusätzliches Verfahren vorgeschaltet, das lediglich dazu dient, die Organisation des BVG auszuhandeln. Hervorzuheben ist auch, dass das GVG als gemeinsame Einrichtung für beide Verhandlungsseiten konzipiert ist und nicht - wie im Fall des BVG - als reines Arbeitnehmervertretungsorgan. Auch das Verhandlungsziel von BVG und GVG ist verschieden. Das BVG erfüllt lediglich eine „vorbereitende Funktion“, indem es ein Statut aushandelt, dass der Einrichtung von Verfahren oder Organen dient[412]. Das GVG hingegen dient der Aushandlung eines spezifischen Vertrages und entscheidet damit - wie *Rieble / Kolbe* es formulieren - „nicht über den Rahmen, sondern in der Sache“[413]. Ein weiterer Unterschied zwischen den Konzeptionen besteht auch im Fall des Scheiterns von Verhandlungen. Der Ales-Entwurf hält für diese Eventualität keinen Konfliktlösungsmechanismus vor, etwa in Form einer verbindlichen „Auffanglösung“ für ergebnislose Verhandlungen oder etwa Arbeitskampfinstrumente. Allerdings ist hier eine „Auffanglösung“ auch nicht vonnöten, da der institutionalisierte Rechtsrahmen lediglich eine Rechtsbasis für transnationale Kollektivverhandlungen bieten will und nicht das Ziel hat, ein dauerhaftes Organ, Verfahren oder Statut einzurichten, dessen Realisierung auch bei einem Scheitern der Verhandlungen garantiert sein soll. Damit verdeutlichen die Verfasser der Konzeption den Freiwilligkeitscharakter des Verfahrens[414].

Im Ergebnis ähnelt der Ales-Entwurf aufgrund der „regulierten Verhandlungsautonomie“ zwar der Konzeption der VL, weist darüber hinaus jedoch einige Unterschiede auf, sodass das Ales-Konzept eher als eine spezifische Variante der „Verhandlungslösung“ zu begreifen ist.

Problematisch ist an der Ales-Konzeption grundsätzlich, dass die EU-Sozialpartner allein befugt sind, das „Aktivierungsverfahren“ einzuleiten und gleichzeitig noch die entscheidenden Akteure im GVG bleiben. Damit wird nach *Rieble / Kolbe* durch „hoheitlich [...] angeordnete Zwangsdelegation“ den europäischen Sozialpartnern die alleinige Kompetenz zum Abschluss bindender Kollektivvereinbarungen übertragen - unabhängig vom Einverständnis der nationalen Sozialpartner[415]. Im Ergebnis fände infolge der Rahmenrichtlinie eine Substitution der nationalen Sozialpartner und des EBR / SE-BR durch die europäischen Sozialpartnerverbände statt. Dies ist für *Rieble / Kolbe* ein „schwerer Eingriff in [die] Koalitionsfreiheit und Tarifautonomie“[416]. Allerdings kann dem ein wenig entgegengehalten werden, dass der Ales-Entwurf vorsieht, dass die entsprechenden Kollektivvereinbarungen die nationalen Abmachun-

412 *Rieble / Kolbe*, EuZA 2008, S. 469.
413 *Rieble / Kolbe*, EuZA 2008, S. 469.
414 *Weiss* (2008), in: Konzen, S. 957, 973.
415 *Rieble / Kolbe*, EuZA 2008, S. 469.
416 *Rieble / Kolbe*, EuZA 2008, S. 469.

gen lediglich ergänzen und nicht verdrängen sollen. Daher verbliebe die grundlegende Tarifgestaltung weiterhin im Autonomiebereich der nationalen Sozialpartner. Kritisch ist im Ales-Entwurf auch die durchgängig untergeordnete Rolle des EBR / SE-BR zu sehen. Besonders im GVG kann die starke Stellung der EU-Sozialpartner dann nicht überzeugen, wenn der Antrag zur Aktivierung des Verfahrens gerade von Seiten der betrieblichen Arbeitnehmervertretung stammt und das GVG auf Unternehmensebene angesiedelt ist. Warum hier den Arbeitnehmervertretern in Form eines EBR oder SE-BR nicht die alleinige Verhandlungsrolle zugestanden wird bzw. auf Arbeitnehmerseite - neben der jeweiligen EU-Gewerkschaft - der EBR bzw. SE-BR nicht wenigstens ein subjektives Mitwirkungsrecht besitzen soll, ist nicht ersichtlich. Die Ales-Konzeption erinnert daher eher an die Praxis des Firmentarifvertrages, wo der einzelne Arbeitgeber direkt mit der zuständigen Gewerkschaft verhandelt. Warum die Ales-Gruppe eine Konzeption wählt, die die sachnäheren Arbeitnehmervertreter der Unternehmen gegenüber der Gewerkschaftsseite benachteiligt, bleibt offen. Der Entwurf impliziert mit dieser Kompetenzverteilung eher, dass auf transnationaler Ebene im Bereich der Industriellen Beziehungen dem monistischen System Vorrang eingeräumt werden soll. Bei Realisation des Ales-Entwurfes, würde damit der mit dem EBR / SE-BR einhergehenden Verbetrieblichung transnationaler Kollektivverhandlungen entgegengewirkt und eine Stärkung der europäischen Gewerkschaftsverbände im Kontext transnational operierender Unternehmen erreicht.

Im Ergebnis würde ein derartiger Rechtsrahmen sicherstellen, dass das Thema unionsweit geltender Kollektivvereinbarungen im alleinigen Verantwortungsbereich der EU-Sozialpartnerorganisationen läge. Ob dies - gerade auch vor dem Hintergrund von Subsidiaritätszielen und ökonomischen Erkenntnissen zur optimalen Verhandlungsebene von Kapital und Arbeit - zu begrüßen ist, bleibt fraglich[417].

---

[417] Vgl. dazu die von ökonomischer Seite geführte Diskussion nach der effizientesten Kollektivverhandlungsebene, z.B. allg.: *Lesch*, Ökonomik des Tarifrechts, S. 21ff.; speziell für Dt.: *Berthold / Stettes* (2001), in: Ott / Schäfer , S. 1ff..

VI. Resümee

Im Zentrum des Buches stand die Frage, welche rechtlichen Möglichkeiten der Vertrag von Lissabon grundsätzlich bietet, um die Wirtschafts- und Währungsunion sozialpolitisch zu flankieren. Von Interesse war hierbei vor allem, inwieweit die Idee der Selbstregulierung im Bereich der EU-Sozialpolitik verankert ist und welche Perspektiven sich daraus für die europäische Sozialpolitik insgesamt ergeben.
Im zweiten Kapitel wurden zur Einordnung der Thematik, die Hintergründe der Forderung nach einer sozialen Flankierung des Binnenmarktes herausgearbeitet. Dabei wurde klar, dass für die Europäische Union als „politisches System sui generis" nicht nur das Nebeneinander von supranationalen und intergouvernementalen Prinzipien, sondern vor allem auch das Integrationsprinzip der „ökonomischen Integration" konstitutiv ist: Kern des europäischen Projektes war und ist, durch wirtschaftliche Integration und den damit einhergehenden ökonomischen und gesellschaftlichen Interdependenzen zwischen den beteiligten Nationen, das Zusammenwachsen der europäischen Völker schrittweise herbeizuführen. Die Verwirklichung des Binnenmarktes dominierte daher lange Zeit die europäische Politik. Die damit verbundene Stärkung des Wettbewerbsprinzips erforderte aber vor dem Hintergrund zunehmend sozial unerwünschter Effekte - wie verstärktem Standortwettbewerb, Lohndruck oder Arbeitslosigkeit - marktkorrigierende Maßnahmen der Union. Die Forderung, die auf Unionsebene bis dahin vorherrschende „marktbereitende Sozialpolitik" durch eine „marktkorrigierende Sozialpolitik" abzulösen, war die logische Konsequenz dieser negativen sozialökonomischen Entwicklungen, die gerade seit 2011 - infolge der europäischen Finanz- und Wirtschaftskrise - wieder so akut sind wie lange nicht mehr.
Im Mittelpunkt von Kapitel drei stand damit Frage, welche Kompetenzen der Union eigentlich für eine „marktkorrigierende Sozialpolitik" zur Verfügung stehen. An Hand der beiden zentralen Kompetenznormen Art. 153 AEUV und Art. 157 AEUV wurde deutlich, dass die Union zwischenzeitlich für eine ganze Reihe arbeitsrechtlicher Materien eine Koordinations- und Rechtsetzungskompetenz besitzt; diese aber gleichzeitig infolge zahlreicher Vertragsschranken nur restriktiv ausüben kann. Hierzu zählt neben dem Subsidiaritäts- und Verhältnismäßigkeitsprinzip besonders die Schranke der „Mindestvorschriften" aus Art. 153 AEUV. Der Handlungsspielraum für die Union ist damit begrenzt auf das Einziehen unterster Arbeitsrechtstandards in der

Europäischen Union. Je nach Perspektive kann dies unterschiedlich beurteilt werden. Aus ökonomischer Sicht ist diese Regelung zu begrüßen, da arbeitsrechtliche Standards sowohl produktivitätsfördernde als auch kostenbelastende Effekte beinhalten. Für Mitgliedstaaten mit niedriger Produktivität wären hohe arbeitsrechtliche Standards, die folglich kostenbelastend wirken, eher schädlich für das Beschäftigungsniveau. Umgekehrt wären für Mitgliedsländer, die sich aufgrund ihres hohen Produktivitätsniveaus auch entsprechende arbeitsrechtliche Standards leisten können, die Produktivitätseinbußen durch zwingende Unionsregelungen, die dieses arbeitsrechtliche Niveau aufgrund der notwendigen Berücksichtigung weniger starker Mitgliedsländer absenken, u.U. höher als die damit verbundenen monetären Entlastungseffekte. Die Begrenzung der sozialpolitischen Maßnahmen auf „Mindestvorschriften" kommt damit beiden Seiten so gut wie möglich entgegen - ohne überfordernd oder nachteilig zu wirken. Insgesamt ist der europäische Regulierungsansatz der „Mindestvorschriften" damit positiv zu bewerten.

Daneben stellt die *nicht* durchgängige Beschlussfassungsregel der „qualifizierten Mehrheit" im Rat ein weiteres restriktives Merkmal im Bereich der EU-Sozialpolitik dar. Gerade aufgrund der im vierten Kapitel aufgezeigten heterogenen Arbeitsmarktordnungen der Mitgliedstaaten und negativer Erfahrungen im Rahmen des Sozialprotokolls mit Großbritannien muss klar sein, dass auch zukünftig besonders die Regelungsmaterien, die die „Einstimmigkeit" im Rat verlangen, nur geringe Chancen auf eine unionsweite Ausgestaltung haben werden. Anders verhält es sich bei den Materien, die das Mehrheitsprinzip im Rat vorschreiben. Die inhaltliche Gestaltung dieser Materien ist auch gegen den Widerstand einzelner Mitgliedstaaten möglich. Die Rechtsmaterien des Art. 153 Abs. 2 lit. a, b, e, h, i AEUV können daher auch als sozialpolitische Triebkräfte eingeordnet werden. Dass die Bereiche Entgelt, Koalitionsrecht und Arbeitskampfrecht generell von der Kompetenz der Union ausgeschlossen sind, verdeutlicht, dass der Kompetenzbereich der EU-Sozialpolitik ausbaufähig ist und zentrale Arbeitsmarktthemen einer europaweiten Regelung weiterhin entzogen sind.

Kapitel vier legte offen, dass der liberale Ansatz der Selbstregulierung im Bereich der EU-Sozialpolitik verankert ist und an Bedeutung gewinnt. Nicht nur die Konzeption der „Verhandlungslösung" zählt hierzu, auch der primärrechtlich verankerte „Soziale Dialog" kann als Institution der Selbstregulierung von Kapital und Arbeit interpretiert werden. Der „Soziale Dialog" sichert den EU-Sozialpartnern im Gesetzgebungsverfahren durch das Recht auf Anhörung und autonomer Weiterverhandlung eines Unionsvorhabens ein nicht unerhebliches Mitwirkungsrecht an der sozialpolitischen Rechtsetzung der Europäischen Union. Im Bereich der EU-Sozialpolitik konkurrieren folglich zwei miteinander verbundene Rechtsetzungsverfahren, wobei die Entscheidung welches Verfahren letztlich zur Anwendung kommt, allein im Ermessensbereich der EU-Sozialpartner liegt. Lediglich bei der unionsweiten Durchsetzung ihrer Sozialpartnervereinbarungen, sind die EU-Sozialpartner auf die Unterstützung der Unionsorgane Kommission und Rat angewiesen. Im Bereich der Umsetzung werden damit beide Rechtsetzungsverfahren wieder zusammengeführt, allerdings mit dem Nachteil, dass im Fall eines rechtskräftigen Transformationsbeschlusses des Rates, das EU-Parlament durch die jeweiligen Repräsentanten der organisierten Arbeitnehmer und Arbeitgeber substituiert wird. Um dies zu verhindern, könnte - eine Vertragsänderung vorausgesetzt - ein Zustimmungsvorbehalt des EU-Parlaments gegenüber der Ratsentscheidung primärrechtlich verankert werden, ohne am Konzept des „Sozialen Dialogs" grundsätzlich etwas zu ändern. Dieser fungiert primär als institutionelle Einrichtung, die den EU-Sozialpartnern das Recht einräumt, Gesetzgebungsvorhaben der Union sachbezogener und damit praktikabler auszugestalten. Die eigentliche Umsetzungsentscheidung verbleibt jedoch in der Hand der legitimierten Gesetzgebungsorgane der Union; zumindest so lange, wie die EU-Sozialpartner eine unionsweite Umsetzung ihrer Vereinbarung präferieren. Der „Soziale Dialog" repräsentiert damit im Bereich der EU-Sozialpolitik den seit *Delors* favorisierten korporatistischen Politikansatz. Daneben bietet der „Soziale Dialog" den EU-Sozialpartnern aber auch die Möglichkeit der autonomen Umsetzung ihrer Vereinbarungen. Allerdings ist dieser Weg aufgrund rechtlicher Probleme, die im Kern alle auf die *nur* schuldrechtliche Wirkung derartiger Vereinbarungen zurückzuführen sind, schwierig und wenig effektiv.

Auch wenn dem „Sozialen Dialog" eine ungewöhnlich starke Stellung im sozialpolitischen Gesetzgebungsverfahren der Union zukommt, ist seine rechtliche Bedeutung hinsichtlich einer Institution, die für die Weiterentwicklung der sozialen Dimension Europas stehen könnte, weniger bedeutsam als anfangs vielleicht vermutet. Verantwortlich ist hierfür - neben rechtlichen Schranken - die Tatsache, dass es sich bei den Teilnehmern des „Sozialen Dialogs" immer um Verhandlungsakteure handelt, die i.d.R. gegensätzliche Interessen verfolgen und damit nicht immer die Überzeugung teilen, dass die Selbstregulierung einer vorliegenden Kommissionslösung vorzuziehen ist. Lediglich Themen, die eine Art Win-win-Ergebnis versprechen, sind - wie die Praxis zeigt - prädestiniert für den „Sozialen Dialog“, der insgesamt betrachtet - trotz derartiger Schwächen - eine sinnvolle Einrichtung darstellt, die lediglich im Hinblick auf die Stellung des EU-Parlaments Verbesserungspotential aufweist.

Neben dem „Sozialen Dialog“ existiert die Selbstregulierungsvariante der „Verhandlungslösung“. Auch hier steht im Mittelpunkt die Verhandlungsautonomie der Akteure, allerdings nicht ausschließlich gebunden an deren Sozialpartnereigenschaft. Kern der Konzeption ist, dass die Union mittels verbindlicher Rahmenvorgaben in Richtlinien europaweit einheitliche Standards verankert; deren inhaltliche Ausgestaltung dann aber den jeweils sachnäheren Akteuren überlässt. Damit gelingt es der Union, die heterogenen Arbeitsmarktsysteme in den einzelnen Mitgliedstaaten „von oben“ zu achten und parallel dazu „von unten“ - durch Einräumen von Verhandlungsautonomie - einen regulierten Systemwettbewerb im Hinblick auf die praktikabelsten und effektivsten Verhandlungslösungen in der Union herbeizuführen. Damit kommt eine derartige Rechtskonzeption gleichzeitig der liberal-ökonomischen Forderung entgegen, eine Angleichung europäischer Strukturen nicht allein durch Rechtsvereinheitlichung, sondern vor allem durch einen Wettbewerb der Systeme zu erreichen[418]. Hier allerdings mit dem kleinen Unterschied, dass der Wettbewerbsprozess nicht unkontrolliert verlaufen soll, sondern „geordnet“ und damit im Zusammenhang mit der Konzeption der VL auch von einem „geordneten Systemwettbewerb“ gesprochen werden kann. Aus ordnungstheoretischer Perspektive kann man daher auch sagen, dass bei Anwendung des Instruments der „Verhandlungslösung“ jeweils ein neuer europäischer Ordnungsrahmen im Bereich der EU-Sozialpolitik etabliert wird, der kontextbezogen den Handlungsrahmen setzt und die konkrete Ausgestaltung den betroffenen Akteuren vor Ort überlässt. Daneben erfüllt die Konzeption der VL die Forderung aus den Mitgliedstaaten, dass die Union in ihrem Handeln die Autonomie und kulturelle Vielfalt der Mitgliedsländer besser achten soll. Der Gedanke des Subsidiaritätsprinzips zeigt sich also nicht nur im Bereich des „Sozialen Dialogs“, sondern auch im Konzept der „Verhandlungslösung“.

Ausschlaggebend für die Funktionsfähigkeit der „Verhandlungslösung“ ist jedoch das Vorhalten der „Auffanglösung“, die eine Art Mindestreglung darstellt für den Fall, dass im BVG keine Vereinbarung erzielt wird. Damit fungiert die „Auffanglösung“ gleichzeitig als Anreizmechanismus zur Verhandlungseinigung. Gerade dieser

[418] *Mussler / Wohlgemuth* (1995), in: Oberender / Streit, S. 9, 26ff..

Konzeptbaustein verdeutlicht die enge Parallelität zur Konzeption der „regulierten Selbstregulierung", die ebenfalls das Element der „Auffanglösung" kennt. Aufgrund dieser und anderer herausgearbeiteter Parallelen ist festzuhalten, dass die verwaltungsrechtliche Konzeption der „regulierten Selbstregulierung" in Form der „Verhandlungslösung" zwischenzeitlich auf Unionsebene Eingang gefunden hat. Die Kritik, dass die Konzeption der VL infolge der Vereinbarungsfreiheit eher eine Systemdiffusion als Systemkohärenz zur Folge habe, ist gerade auch vor dem Hintergrund der „Auffanglösung" unbegründet, da diese ja gerade die Funktion hat, ein bestimmtes Rechtsniveau unionsweit sicherzustellen, das keine im BVG geschlossene Vereinbarung unfreiwillig unterschreiten muss. Die Konzeption der „Verhandlungslösung" dient damit auf Basis vorgegebener Mindeststandards der schrittweisen Integration unterschiedlicher Arbeitsmarktordnungen.

Abschließend wurde in Kapitel fünf untersucht, ob der von der EU-Kommission favorisierte Rechtsrahmen für transnationale Kollektivverhandlungen das Potential besitzt, um auf Unionsebene verwirklicht zu werden. Die der eigentlichen Analyse des Ales-Entwurfs vorangestellte Untersuchung zur Lage und Praxis europäischer Arbeitsbeziehungen ergab, dass gerade die fehlende Rechtsverbindlichkeit transnationaler Kollektivvereinbarungen hinsichtlich Dritter das größte Praxisproblem darstellt. Folglich setzt hier der Kommissionsvorschlag eines optionalen Rechtsrahmens für EU-Kollektivverhandlungen ein, indem dieser gewährleistet, dass entsprechend geschlossene Kollektivvereinbarungen Teil des Unionsrechts werden und damit unionsweite Wirkkraft entfalten können.

Wie die Analyse der Ales-Konzeption dann zeigte, weist diese neben Parallelen auch Unterschiede zum Konzept der VL auf, sodass im Ergebnis die Ales-Konzeption eher als spezifische Variante der „Verhandlungslösung" einzuordnen ist. Kern der Konzeption ist aber auch hier, dass die sachnähere Ebene in einem vorgegebenen Rahmen die Befugnis erhält, in einem autonom einzurichtenden Verhandlungsorgan Kollektivregelungen auszuhandeln und zu beschließen. Wesentlicher Unterschied zur Originalkonzeption ist die zweistufige Gremienkonzeption, wobei das erste Verhandlungsgremium alleinig der Statuterarbeitung des zweiten Gremiums - dem GVG - dient. Damit hat das GVG als Pendant zum BVG keine „vorbereitende Funktion" im Hinblick auf ein einzurichtendes Verfahren oder Organ, sondern eine „abschließende Funktion" hinsichtlich eines unionsweiten verbindlichen Kollektivvertrages. Dieser Unterschied dürfte auch der primäre Grund dafür sein, dass in der Ales-Konzeption für den Fall der Nichteinigung keine Konfliktlösungsmechanismen vorgesehen sind. Ziel des optionalen Rechtsrahmens ist nicht - wie bei der VL-Konzeption - ein Verfahren oder ein bestimmtes Organ unionsweit einzurichten, sondern lediglich einen Verhandlungsrahmen zur Verfügung zu stellen, der genutzt werden kann, aber nicht muss. Damit erübrigt sich das Vorhalten einer „Auffanglösung“ oder sonstiger Konfliktlösungsmechanismen.

Insgesamt ist der Ales-Entwurf - gerade vor dem Hintergrund der Verhandlungskonzeption und seines optionalen Charakters - ein interessanter Ansatz, um auf europäischer Ebene transnationale Themen aus dem Arbeitsbereich problem- und sachbezogener lösen zu können. Für dessen Verwirklichungschancen bestehen jedoch einige Hindernisse, die aber beseitigbar sind, sodass man der Idee eines optionalen Kollektivrechtsrahmens auf Unionsebene nicht von vornherein negativ begegnen muss[419]. So ist für die Durchsetzungschance - neben den politischen Mehrheiten - vor allem eine belastbare Rechtsgrundlage im Unionsvertrag vonnöten. Dies dürfte gleichsam eine der größten Hürden für das Kommissionsvorhaben darstellen, auch wenn zumindest Art. 153 Abs. 1 lit. f AEUV als Rechtsgrundlage in Frage kommen könnte. Entscheidend für die Umsetzungschance ist, dass die Rahmenrichtlinie verlangt, dass die Auflagen des gesamten Art. 153 AEUV auch im GVG zu beachten sind, d.h. dass Vereinbarungen, die z.B. Regelungen zum Thema Entgelt beinhalten, zwar möglich sind, aber aufgrund der eigentlich unzulässigen Materie keine unionsweite Wirkkraft entfalten können. Die zweite grundlegende Hürde besteht hinsichtlich der politischen Mehrheiten, die zur Umsetzung der Rahmenrichtlinie notwendig sind. Art. 153 AEUV sieht für Materien des lit. f. die Erfordernis der „Einstimmigkeit“ im Rat vor. Dies dürfte die Realisation der Rahmenrichtlinie eher unwahrscheinlich machen, vor allem dann, wenn die starke Stellung der EU-Sozialpartner in beiden Verhandlungsgremien bestehen bliebe. Dieses Problem wäre lösbar, indem - zumindest in den Fällen in denen das GVG auf Unternehmensebene angesiedelt ist - dem jeweiligen EBR oder SE-BR die Verhandlungskompetenz alleine zugestanden wird.

Generell gilt hinsichtlich der Umsetzungswahrscheinlichkeit des Ales-Entwurfes aber, dass die starke Stellung der EU-Sozialpartner im gesamten Verfahren sowie die bürokratisch anmutenden Vorgaben im Aktivierungsbereich nicht gerade förderlich sind, um „Einstimmigkeit“ im Rat zu erzielen. Grundlegende Überarbeitungen sind daher notwendig, die helfen, die Konzeption insgesamt praktikabler und unterneh-

---

[419] *Kunstmann,* Der Wahnsinn kennt keine Grenzen, Handelsblatt, 25. Juli 2006.

mensbezogener auszurichten. Betont werden muss auch, dass ein derartiger Rechtsrahmen nur für solche Materien in Frage kommt, die sich außerhalb der Negativkompetenzen des Art. 153 Abs. 5 AEUV befinden. Die Idee eines Rechtsrahmes für Kollektivverhandlungen würde sich also eher für betriebliche Fragen mit transnationalem Bezug anbieten (z.B. Themen wie Arbeitszeit, Umstrukturierungen oder Aus- und Weiterbildung bei europaweit tätigen Unternehmen). Allerdings würde hierfür schon die Überarbeitung der existierenden Beteiligungsrichtlinien (EBR / SE-BR usw.) ausreichen, indem dort Gegenstandsbereiche dieser Art zusätzlich aufgeführt werden, deren konkrete inhaltliche Ausgestaltung dann im BVG obligatorisch zu verhandeln wären. Gerade vor dem Hintergrund der zahlreichen Unwägbarkeiten, Probleme und Vorbehalte, die mit einem europäischen Rechtsrahmen für Kollektivverhandlungen verbunden sind, ein praktikablerer Alternativansatz mit höherer Realisierungswahrscheinlichkeit.

Insgesamt zeigt aber auch die Ales-Konzeption, dass die Idee der „regulierten Selbstregulierung“ bzw. „Verhandlungslösung“ ein interessanter und gangbarer Weg ist, um Fortschritte im Bereich der sozialen Dimension Europas zu erzielen, da nur diese es ermöglicht neben nationalen Strukturen und Traditionen, auch die sachnähere Kompetenz der Akteure miteinzubeziehen und damit eine Europäisierung „von oben“ und „von unten“ bewirken kann. Allerdings darf hierbei auch nicht vergessen werden, dass ein Rechtsakt, der auf der Verhandlungsidee aufbaut, sich weiterhin im Rahmen des Europarechts bewegen muss. Solange also im Politikfeld der EU-Sozialpolitik keine wesentlichen Kompetenzerweiterungen durch die Mitgliedstaaten erfolgen (vgl. z.B. Beschlussregeln im Rat oder Negativkompetenzen), kann die Heterogenität der europäischen Arbeitsmarktsysteme auch nur begrenzt mit Hilfe von Vereinbarungslösungen abgebaut werden. Ein Schritt in die richtige Richtung sind derartige Ansätze aber in jedem Fall und sollten daher vermehrt in sozialpolitischen Rechtsakten der Union Verwendung finden.

Abkürzungsverzeichnis

a.A.	anderer Ansicht
ABl.	Amtsblatt der Europäischen Union
Abs.	Absatz
AEUV	Vertrag über die Arbeitsweise der Europäischen Union
a.F.	alte Fassung
AG	Arbeitgeber
allg.	allgemein
Alt.	Alternative
Anm. d. Verf.	Anmerkung des Verfassers
Art.	Artikel
Aufl.	Auflage
Az.	Aktenzeichen
BetrVG	Betriebsverfassungsgesetz
Bd.	Band
BDA	Bundesvereinigung der Deutschen Arbeitgeberverbände
BDI	Bundesverband der Deutschen Industrie
bspw.	beispielsweise
BVG	besonderes Verhandlungsgremium
bzgl.	bezüglich
bzw.	beziehungsweise
CEC	Confédération Européenne des Cadres
CEEP	European Centre of Enterprises with Public Participation and of Enterprises of General economic Interest
DGB	Deutscher Gewerkschaftsbund
d.h.	das heißt
Dt.	Deutschland
EAG	Europäische Atomgemeinschaft
EBR	Europäischer Betriebsrat
EBRG	Europäische Betriebsräte-Gesetz
EEA	Einheitliche Europäische Akte
EGB	Europäischer Gewerkschaftsbund
EGKS	Europäische Gemeinschaft für Kohle und Stahl
EMB	Europäischer Metallgewerkschaftsbund

EPG	Europäische Politische Gemeinschaft
ETUI	European Trade Union Institut
EuG	Europäisches Gericht
EuGH	Europäischer Gerichtshof
EUV	Vertrag über die Europäische Union
evtl.	eventuell
EWG	Europäische Wirtschaftsgemeinschaft
FAZ	Frankfurter Allgemeine Zeitung
Fr.	Frankreich
ggf.	gegebenenfalls
GR-Charta	Charta der Grundrechte der Europäischen Union
GVG	gemeinsames Verhandlungsgremium
h.M.	herrschende Meinung
Hrsg.	Herausgeber
IAB	Institut für Arbeitsmarkt- und Berufsforschung, Nürnberg
i.d.R.	in der Regel
IRL	Nordirland
i.S.d.	im Sinn der
It.	Italien
IT	Informationstechnik
IW	Institut der deutschen Wirtschaft Köln
IZA	Institut zur Zukunft der Arbeit
Kap.	Kapitel
KMU	kleine und mittlere Unternehmen
KOM / COM	Dokument der Europäischen Kommission
lit.	littera (Buchstabe)
m.E.	meines Erachtens
NGO	Non-Governmental Organization (Nichtregierungsorganisation)
Nr.	Nummer
OMK	offene Methode der Koordination
RL	Richtlinie
Rn.	Randnummer
Rp.	Republik
Rs.	Rechtsache
S.	Seite

SCE	Societas Cooperartiva Europaea
SE	Societas Europaea
SE-BR	europäisches Betriebsratorgan in der SE
sog.	sogenannt
SP	Sozialprotokoll
SubsProt	Subsidiaritätsprotokoll
SVR	Sachverständigenrat zur Begutachtung der gesamtwirtschaftlichen Entwicklung
Ts.	Teilsatz
TVG	Tarifvertragsgesetz
Tz.	Textziffer
u.	und
u.a.	unter anderem
UEAMPE	Union Européenne de l'Artisanat et des Petites et Moyennes Entreprises
UNICE	Union of Industrial and Employers' Confederation of Europe
u.U.	unter Umständen
UK	United Kingdom
vgl.	vergleiche
VL	Verhandlungslösung
VO	Verordnung
vs.	versus
WSA	Wirtschafts- und Sozialausschuss
WZB	Wissenschaftszentrum Berlin für Sozialforschung
z.B.	zum Beispiel
z.T.	zum Teil
zUL	zentrale Unternehmensleitung

Fachzeitschriften:

AiB	Arbeitsrecht im Betrieb
APuZ	Aus Politik und Zeitgeschichte
EuR	Europarecht
EuZA	Europäische Zeitschrift für Arbeitsrecht
EuZW	Europäische Zeitschrift für Wirtschaftsrecht

NZA	Neue Zeitschrift für Arbeitsrecht
NZS	Neue Zeitschrift für Sozialrecht
RdA	Recht der Arbeit
SozFort	Sozialer Fortschritt
WSI	WSI-Mitteilungen
ZESAR	Zeitschrift für europäisches Sozial- und Arbeitsrecht
ZfA	Zeitschrift für Arbeitsrecht
ZfS	Zeitschrift für Soziologie
ZHR	Zeitschrift für das gesamte Handels- und Wirtschaftsrecht

Entscheidungsverzeichnis

EuGH, Rs. C-120/78, Slg. 1979, I - 649 - Rewe / Bundesmonopolverwalt., Branntwein

EuGH, Rs. 265/87, Slg. 1989, I - 2237 - Schräder / Hauptzollamt Gronau

EuGH, Rs. C-267/91 und C-268/91, Slg. 1993, I - 6097 - Keck und Mithouard

EuGH, Rs. C-84/94, Slg. 1996, I - 5755 - Vereinigtes Königreich / Rat

EuG, Rs. T-135/96, Slg. 1998, II - 2335 - UEAPME / Rat

EuGH, Rs. C-376/98, Slg. 2000, I - 8419 - Deutschland / Parlament und Rat

EuGH, Rs. C-307/05, Slg. 2007, I - 7109 - Del Cerro Alonso / Osakidetza-Servicio

EuGH, Rs. C-176/09, Slg. 2011, I - Luxemburg / Parlament und Rat

Literaturverzeichnis

Abraham, Martin / Büschges, G. (2004): Einführung in die Organisationssoziologie, 3. Aufl., VS, Wiesbaden.

Ales, Edoardo / Engblom, T. / Jaspers, S. (2006): Transnational collective bargaining: past, present and future - Final Report, European Commission, Directorate General Employment, Social Affairs and Equal Opportunities.

Ales, Edoardo (2007): Der transnationale Kollektivvertrag zwischen Vergangenheit, Gegenwart und Zukunft, ZESAR, H. 7, S. 150ff..

Altmeyer, Werner (2000): Betriebsverfassung (fast) ohne Gesetz - Der britische Weg, AiB, H. 11, S. 665ff..

Arnold, Christian (2002): Die Stellung der Sozialpartner in der europäischen Sozialpolitik, NZA, H. 22, S. 1261ff..

Bauer, Michael W. / Knöll, R. (2003): Die Methode der offenen Koordination: Zukunft europäischer Politikgestaltung oder schleichender Zentralisierung?, APuZ, Bd. 1-2, S. 33ff..

Berthold, Norbert / Stettes, O. (2001): Der Flächentarifvertrag - vom Wegbereiter des Wirtschaftswunders zum Verursacher der Beschäftigungsmisere, in: Ott, Claus / Schäfer, H.-B. (Hrsg.), Ökonomische Analyse des Arbeitsrechts, Mohr Siebeck, Tübingen.

BDA (2006): Stellungnahme zu den Überlegungen über einen optionalen europäischen Rahmen für transnationale Kollektivvereinbarungen, Berlin.

BDA (2012): Arbeitgeber aktuell - aus der Arbeit der BDA, Jan. 2012, in: http://www.wir-setzen-akzente.de/cms/fileadmin/Dokumente/AWSA/BDA/2012/ArbeitgeA12.pdf, eingesehen am 25.6.2012.

Blank, Jürgen E. / Clausen, H. / Wacker, H. (1998): Internationale ökonomische Integration, Vahlen, München.

Blanke, Thomas (2006): Dynamik und Konturen des europäischen Sozialmodells: Warum der Zug nach Europa nicht zu stoppen ist, NZA, H. 23, S. 1304ff..

Bonse, Eric (2009): EU-Arbeitszeitreform geplatzt, in: Handelsblatt-online, http://www.handelsblatt.com/politik/international/gescheiterte-verhandlungen-eu-arbeitszeitreform-geplatzt/3167076.html, eingesehen am 25.6.2012.

Brors, Tobias (2005): Das System der Arbeitnehmer-Beteiligungs-Richtlinien, Studien zum deutschen und europäischen Arbeitsrecht, Bd. 4, Nomos, Baden-Baden.

Buck-Heeb, Petra / Dieckmann, A. (2010): Selbstregulierung im Privatrecht, Mohr Siebeck, Tübingen.

Calliess, Christian (1996): Subsidiaritäts- und Solidaritätsprinzip in der Europäischen Union, Schriften des Europa-Instituts der Universität des Saarlandes - Rechtswissenschaft, Bd. 10, Nomos, Baden-Baden.

Calliess, Christian / Ruffert, M. (2007): EUV/EGV - Das Verfassungsrecht der Europäischen Union mit Europäischer Grundrechtecharta, Kommentar, 3. Aufl., C.H. Beck, München.

Creifelds, Carl (1992): Rechtswörterbuch, 11. Aufl., C.H. Beck, München.

Däubler, Wolfgang (1992): Europäische Tarifverträge nach Maastricht, EuZW, H. 11, S. 329ff..

Däubler, Wolfgang (1998): Die Vereinbarung zur Errichtung eines Europäischen Betriebsrats, in: Schlachter, Monika et al. (Hrsg.), Tarifautonomie für ein neues Jahrhundert, Festschrift für Günter Schaub zum 65. Geburtstag, C.H. Beck, München.

Däubler, Wolfgang (2006): Tarifvertragsgesetz, Nomos-Kommentar, 2. Aufl., Nomos, Baden-Baden.

Deinert, Olaf (1999): Der europäische Kollektivvertrag, Rostocker Arbeiten zum Internationalen Recht, Bd. 2, Nomos, Baden-Baden.

Deinert, Olaf (1999): Kollektive Regelungsinstrumente des englischen Arbeitsrechts im europäischen Vergleich, ZfA, H. 3, S. 361ff..

Deinert, Olaf (2004): Partizipation europäischer Sozialpartner an der Gemeinschaftsrechtsetzung, RdA, H. 4, S. 211ff..

Delors, Jacques (1993): Jacques Delors - Das neue Europa, C. Hanser, München.

DGB (2005): Europa sozial gestalten, Stellungnahme des DGB zur Mitteilung der Kommission - Sozialpolitische Agenda (KOM (2005) 33 endg.).

Dichtl, Erwin / Issing, O. (1993): Vahlens Großes Wirtschaftslexikon, Bd. 2, 2. Aufl., C.H. Beck / Vahlen, München.

Eichhorst, Werner / Kendiza, M. / Vandeweghe, B. (2011): Cross-Border Collective Bargaining and Transnational Social Dialogue, IZA Research Report, No. 38, Bonn.

Europäische Kommission (1995): Mitteilung der Kommission, Zur Information und Konsultation der Arbeitnehmer, KOM (1995), 547 endg. .

Europäische Kommission (1996): Mitteilung der Kommission, Zur Entwicklung des sozialen Dialogs auf Gemeinschaftsebene, KOM (1996), 448 endg. .

Europäische Kommission (1998): Mitteilung der Kommission, Anpassung und Förderung des Sozialen Dialogs auf Gemeinschaftsebene, KOM (1998), 322 endg. .

Europäische Kommission (2001): Europäisches Regieren - Ein Weißbuch, KOM (2001), 428 endg. .

Europäische Kommission (2002): Mitteilung der Kommission, Der europäische soziale Dialog, Determinanten für Modernisierung und Wandel, KOM (2002), 341 endg. .

Europäische Kommission (2004): Mitteilung der Kommission, Partnerschaft für den Wandel in einem erweiterten Europa - Verbesserung des Beitrags des europäischen sozialen Dialogs, KOM (2004), 557 endg. .

Europäische Kommission (2005): Mitteilung der Kommission, Sozialpolitische Agenda, KOM (2005), 33 endg. .

Europäische Kommission (2010): Mitteilung der Kommission, Europa 2020 - Eine Strategie für intelligentes, nachhaltiges und integratives Wachstum, KOM (2010), 2020.

European Commission (1994): European social policy - a way forward for the union - a white paper, COM (1994), 333 final.

Fleischer, Holger (2004): Gesetz und Vertrag als alternative Problemlösungsmodelle im Gesellschaftsrecht, ZHR, Bd. 168, S. 673ff..

Fritsch, Michael / Wein, Th. / Ewers H.-J. (1999): Marktversagen und Wirtschaftspolitik, 3. Aufl., Vahlen, München.

Fröhlich, Hans-Peter et al. (1997): Lohnpolitik in der Europäischen Währungsunion, Beiträge zur Wirtschafts- und Sozialpolitik, Bd. 234, Institut der deutschen Wirtschaft Köln, DV, Köln.

Fudickar, Antje (2005): Parteiautonome Anknüpfung grenzüberschreitender Tarifverträge in der Europäischen Union, Studien zum ausländischen, vergleichenden und internationalen Arbeitsrecht - Trier, Nomos, Baden-Baden.

Forst, Gerrit (2009): Die Beteiligungsvereinbarung nach der neuen EBR-Richtlinie, ZESAR, H. 11-12, S. 469ff..

Haratsch, Andreas / Koenig, Ch. / Pechstein, M. (2009): Europarecht, 6. Aufl., Mohr Siebeck, Tübingen.

Hasse, Raimund / Krücken, G. (2005): Neo-Institutionalismus, 2. Aufl., transcript, Bielefeld.

Hirsch-Kreinsen, Hartmut (2009): Wirtschafts- und Industriesoziologie - Grundlagen, Fragestellungen, Themenbereiche, 2. Aufl., Juventa, Weinheim / München.

Hoffmann-Riem, Wolfgang (2001): Modernisierung von Recht und Justiz, Suhrkamp, Frankfurt/Main.

Homann, Karl / Kirchner, Ch. (1995): Das Subsidiaritätsprinzip in der Katholischen Soziallehre und in der Ökonomik, in: Gerken, Lüder (Hrsg.), Europa zwischen Ordnungswettbewerb und Harmonisierung, Springer, Berlin.

Husmann, Manfred (2010): Die Richtlinien der Europäischen Union, NZS, H. 12, S. 655ff..

Keller, Berndt (1995): Perspektiven europäischer Kollektivverhandlungen - vor und nach Maastricht, ZfS, H. 4, 243ff..

Keller, Berndt (2005): Sektorale Sozialdialoge - zur aktuellen und zukünftigen Entwicklung, in: Baum-Ceisig, Alexandra / Faber, A. (Hrsg.), Soziales Europa? Perspektiven des Wohlfahrtsstaates im Kontext von Europäisierung und Globalisierung, Festschrift für Klaus Busch, VS, Wiesbaden.

Kleinhenz, Gerhard (1990): Die sozialpolitische Bedeutung der Verwirklichung des Binnenmarktes, in: Birk, Rolf (Hrsg.), Die soziale Dimension des Europäischen Binnenmarktes, Schriftenreihe des Arbeitskreises Europäische Integration e.V., Bd. 27, Nomos, Baden-Baden.

Kleinhenz, Gerhard (1996): Subsidiarität und Solidarität bei der sozialen Integration in Europa. Ein erweitertes Vorwort, in: Kleinhenz, Gerhard (Hrsg.), Soziale Integration in Europa II, Schriften des Vereins für Socialpolitik, Band 222/ II, Duncker & Humblot, Berlin.

Klump, Rainer (2001): Soziale Marktwirtschaft: Geistige Grundlagen, ethischer Anspruch, historische Wurzeln, in: Schlecht, Otto / Stoltenberg, G. (Hrsg.), Soziale Marktwirtschaft - Grundlagen, Entwicklungslinien, Perspektiven, Herder, Freiburg im Breisgau.

Köstler, Roland (2002): Mitbestimmung, in: Theisen, Manuel R. / Wenz, M. (Hrsg.), Die Europäische Aktiengesellschaft, Schäffer-Poeschel, Stuttgart.

Kohaut, Susanne / Ellguth, P. (2008): Branchentarifvertrag - Neu gegründete Betriebe sind seltener tarifgebunden, IAB-Kurzbericht, Nr. 16., S. 1ff..

Kowanz, Rolf (1999): Europäische Kollektivvertragsordnung, Rostocker Arbeiten zum Internationalen Recht, Bd. 3, Nomos, Baden-Baden.

Kunstmann, Heike M. (2006): Der Wahnsinn kennt keine Grenzen, Gastbeitrag im Handelsblatt, 25. Juli 2006.

Kunz, Volker (2004): Rational Choice, Campus, Frankfurt/Main.

Lampert, Heinz / Althammer, J. W. (2007): Lehrbuch der Sozialpolitik, 8. Aufl., Springer, Berlin.

Lang, Joachim / Bergfeld, K. (2005): Zur „offenen Methode der Koordinierung" als Mittel der Politikgestaltung in der europäischen Union, EuR, H. 3, 381ff..

Leibfried, Stephan / Pierson, P. (1997): Der Wohlfahrtsstaat in der europäischen Mehrebenen-Politik: Die Rolle der Mitgliedstaaten, in: Platzer, Hans-Wolfgang (Hrsg.), Sozialstaatliche Entwicklung in Europa und die Sozialpolitik der Europäischen Union, Schriftenreihe des Arbeitskreises Europäische Integration e.V., Bd. 40, Nomos, Baden-Baden.

Lesch, Hagen (2002): Streitpunkt 'lohnpolitischer Verteilungsspielraum', Beiträge zur Wirtschafts- und Sozialpolitik, Bd. 275, Institut der deutschen Wirtschaft Köln, DV, Köln.

Lesch, Hagen (2006): Ökonomik des Tarifrechts, IW-Analysen, Institut der deutschen Wirtschaft Köln, DV, Köln.

Lieb, Manfred (1994): Mehr Flexibilität im Tarifvertragsrecht? „Moderne" Tendenzen auf dem Prüfstand, NZA, H. 7, 289ff..

Löwisch, Manfred / Rieble, V. (2012): Tarifvertragsgesetz - Kommentar, 3. Aufl., Vahlen, München.

Müller, Thorsten / Platzer, H.-W. / Rüb, S. (2012): Transnationale Unternehmensvereinbarungen - Ein neues Instrument europäischer Arbeitsbeziehungen, Friedrich Ebert Stiftung, Bonn.

Müller-Jentsch, Walther (1997): Soziologie der Industriellen Beziehungen - Eine Einführung, 2. Aufl., Campus, Frankfurt/Main.

Mussler, Werner / Wohlgemuth, M. (1995): Institutionen im Wettbewerb - Ordnungstheoretische Anmerkungen zum Systemwettbewerb in Europa, in: Oberender, Peter / Streit, M. E. (Hrsg.), Europas Arbeitsmärkte im Integrationsprozess, Nomos, Baden-Baden.

Pfetsch, Frank R. (2005): Die Europäische Union: Geschichte, Institutionen, Prozesse, 3. Aufl., UTB/Fink, München.

Prunzel, Regine (2007): Der „Europäische Sozialkonsens" als Instrument zur Stärkung des „Europäischen Sozialmodells", Chemnitzer Europastudien, Bd. 6, Duncker & Humblot, Berlin.

Rebhahn, Robert (2010): Die Zukunft der Kollektivautonomie in Europa - Tarifautonomie im Rechtsvergleich, EuZA, H. 1, S. 62ff..

Rieble, Volker / Kolbe, S. (2008): Vom Sozialen Dialog zum europäischen Kollektivvertrag?, EuZA, H. 4, S. 453ff..

Rhodes, Martin (1998): Das Verwirrspiel der `Regulierung`: Industrielle Beziehungen und `soziale Dimension`, in: Leibfried, Stephan / Pierson, P. (Hrsg.), Standort Europa - Sozialpolitik zwischen Nationalstaat und Europäischer Integration, Suhrkamp, Frankfurt/Main.

Schäfer, Armin / Streeck, W. (2008): Korporatismus in der Europäischen Union, in: Höpner, Martin / Schäfer, A. (Hrsg.), Die Politische Ökonomie der europäischen Integration, Schriften aus dem Max-Planck-Institut für Gesellschaftsforschung Köln, Bd. 61, Campus, Frankfurt am Main.

Schmidt, Marlene (2005): Von der Prozeduralisierung zur Harmonisierung: Überlegungen zur Zukunft der Arbeitnehmermitwirkung im Recht der Europäischen Gemeinschaft, in: Höland, Armin et al. (Hrsg.), Arbeitnehmermitwirkung in einer globalisierten Arbeitswelt, Liber Amicorum Manfred Weiss, BWV, Berlin.

Schmidt, Marlene (2008): Perspektiven und Sinn weiterer Regulierung durch Europarecht, EuZA, Bd. 1, S. 196ff..

Schmidt-Preuß, Matthias (2011): Die soziale Marktwirtschaft als Wirtschaftsverfassung der Europäischen Union, in: Joost, Detlev et al. (Hrsg.), Festschrift für Franz Jürgen Säcker zum 70. Geburtstag, C.H. Beck, München.

Schneider-Bodien, Angela (2008): Aufnahme von Verhandlungen zur Überarbeitung der Elternurlaubrichtlinie, in: http://www.arbeitgeber.de/www/arbeitgeber.nsf /res/Euro-Info%206_08.pdf/$file/Euro-Info%206_08.pdf, eingesehen am 26.06.2012.

Schnorr, Gerhard (1963): Rechtsfragen europäischer Tarifverträge, SozFort, H. 7-8, S. 155ff.

Schorn, Dagmar (2006): Zur Berücksichtigungsfähigkeit des Arbeitsplatzarguments beim Günstigkeitsvergleich - Das Günstigkeitsprinzip neuer Art, Diss., Bonn.

Schroeder, Wolfgang / Weinert, R. (2003): Europäische Tarifpolitik: Ein neues Politikfeld?, in: Schroeder, Wolfgang / Weßels, B. (Hrsg.), Die Gewerkschaften in Politik und Gesellschaft der Bundesrepublik Deutschland - Ein Handbuch, VS, Wiesbaden.

Schröder, Christoph (2012): Die Struktur der Arbeitskosten in der deutschen Wirtschaft, IW Trends, H. 2, S. 1ff.

Schulte, Bernd (2004): Die Entwicklung der Sozialpolitik der Europäischen Union und ihr Beitrag zur Konstituierung des europäischen Sozialmodells, in: Kaelble, Hartmut / Schmid, G. (Hrsg.), Das europäische Sozialmodell, WZB-Jahrbuch, Berlin.

Schulten, Thorsten (1998): Tarifpolitik unter den Bedingungen der Europäischen Währungsunion, WSI-Mitteilungen, H. 7, S. 482ff..

Schulten, Thorsten (2010): Perspektiven des gewerkschaftlichen Kerngeschäfts: Zur Reichweite der Tarifpolitik in Europa, APuZ, H. 13-14, S. 36ff..

Stein, Torsten (1993): Subsidiarität als Rechtsprinzip?, in: Merten, Detlef (Hrsg.), Die Subsidiarität Europas, Schriften zum europäischen Recht, Bd. 16, Duncker & Humblot, Berlin.

Streeck, Wolfgang (1998): Vom Binnenmarkt zum Bundesstaat? Überlegungen zur politischen Ökonomie der europäischen Sozialpolitik, in: Leibfried, Stephan / Pierson, P. (Hrsg.), Standort Europa - Sozialpolitik zwischen Nationalstaat und Europäischer Integration, Suhrkamp, Frankfurt/Main.

Streinz, Rudolf / Kruis, T. / Huber, P. M. (2012): Vertrag über die Europäische Union und Vertrag über die Arbeitsweise der Europäischen Union: EUV/AEUV, Kommentar, 2. Aufl., C. H. Beck, München.

Streit, Manfred E. / Mussler, W. (1995): Wettbewerb der Systeme und das Binnenmarktprogramm der Europäischen Union, in: Gerken, Lüder (Hrsg.), Europa zwischen Ordnungswettbewerb und Harmonisierung, Springer, Berlin.

Schwarze, Jürgen (2009): EU-Kommentar, 2. Aufl., Nomos, Baden-Baden.

Schwarze, Roland (2001): Legitimation kraft virtueller Repräsentation - ein gemeinschaftsrechtliches Prinzip?, RdA, H. 4, S. 208ff..

Theiss, Ursula (2005): Die Durchführung europäischer Sozialpartnervereinbarungen auf nationaler Ebene, LIT, Münster.

Thüsing, Gregor / Braun, A. (2011): Tarifrecht - Handbuch, C. H. Beck, München.

Trstenjak, Verica / Beysen, E. (2012): Das Prinzip der Verhältnismäßigkeit in der Unionsrechtsordnung, EuR, H. 3, S. 265ff..

Voigt, Stefan (2009): Institutionenökonomik, 2. Aufl., UTB/Fink, Paderborn.

von der Groeben, Hans / Schwarze, J. (2003): Kommentar zum Vertrag über die Europäische Union und zur Gründung der Europäischen Gemeinschaft, Bd. 3, 6 Aufl., Nomos, Baden-Baden.

Waas, Bernd (2004): Der soziale Dialog auf europäischer Ebene, ZESAR, H. 11-12, S. 443ff..

Weidenfeld, Werner (2010): Die Europäische Union, UTB/Fink, Paderborn.

Weiss, Manfred (2003): Arbeitnehmermitwirkung in Europa, NZA, H. 4, S. 177ff..

Weiss, Manfred (2007): Das europäische Sozialmodell: Ein dynamischer Prozess, in: Jürges, Ulrich et al. (Hrsg.), Perspektiven der Corporate Governance, Schriften zur Governance-Forschung, Bd. 8, Nomos, Baden-Baden.

Weiss, Manfred (2008): Transnationale Kollektivvertragsstrukturen in der EG: Informalität oder Verrechtlichung?, in: Konzen, Horst et al. (Hrsg.), Festschrift für Rolf Birk zum siebzigsten Geburtstag, Mohr Siebeck, Tübingen.

Wilhelm, Ulrich (2012): Gebt Souveränität ab!, in: FAZ-online, http://www.faz.net/aktuell/feuilleton/debatten/europas-zukunft/ulrich-wilhelm-zur-zukunft-europas-gebt-souveraenitaet-ab-11812592.html, eingesehen am 20.06.2012.

Windbichler, Christine (2007): Der gordische Mitbestimmungsknoten und das Vereinbarungsschwert - Regulierung durch Hilfe zur Selbstregulierung?, in: Jürges, Ulrich et al. (Hrsg.), Perspektiven der Corporate Governance, Schriften zur Governance-Forschung, Bd. 8, Nomos, Baden-Baden.

Zachert, Ulrich (2008): Europäische Kollektivvereinbarungen - Wahnsinn ohne Grenzen oder ein Gebot der Vernunft?, in: Maschmann (Hrsg.), Festschrift für Wolfgang Hromadka - Zum 70. Geburtstag, C.H. Beck, München.

Daniel Kempin
Leben ohne Barrieren
Welcher Handlungsbedarf besteht für die kommunale Politik und Verwaltung?

Diplomica 2012 / 80 Seiten / 39,50 Euro

ISBN 978-3-8428-8574-5

EAN 9783842885745

Am 13. Dezember 2006 verabschiedete die UN-Generalversammlung die UN-Konvention über die Rechte von Menschen mit Behinderungen, ein Übereinkommen, das mit dem neuen Leitbild der Inklusion die gleichberechtigte und selbstbestimmte Teilhabe behinderter Menschen am gesellschaftlichem Leben fördern und sichern soll. Ein grundlegendes Element für eine solche Teilhabe und die Ausübung eigener Rechte bildet die Barrierefreiheit des öffentlichen Raums. Sind öffentlich zugängliche Anlagen wie Kultureinrichtungen oder Verwaltungs- und Justizgebäude nicht zugänglich, nutzbar und damit barrierefrei, bleiben Menschen mit Behinderungen die Ausübung ihrer Rechte sowie eine aktive Teilhabe am gesellschaftlichen Leben verwehrt. Das vorliegende Buch analysiert den Einfluss und die Auswirkungen der UN-Konvention auf die kommunale Politik und Verwaltung in Bezug auf die Herstellung barrierefreier öffentlich zugänglicher Anlagen. Anhand von ausgewählten Beispielen wird der Handlungsbedarf auf kommunaler Ebene dargestellt, der als Folge der Ratifizierung gewertet werden kann und somit die Bedeutung der UN-Konvention hervorhebt. Als Ergebnis zeichnet sich die Konsequenz der UN-Konvention über die Rechte von Menschen mit Behinderungen ab.

Christian Dickenhorst
Gewässerschutz durch Umweltstrafrecht
Eine juristische und naturwissenschaftliche Betrachtung

Diplomica 2013 / 176 Seiten / 49,50 Euro

ISBN 978-3-8428-9513-3

EAN 9783842895133

Das vorliegende Buch befasst sich mit einem Spezialbereich des Rechts, nämlich dem Umweltstrafrecht. Dieses Buch stellt zunächst einmal dar, welche aktuellen Regelungen das Umweltstrafrecht in Deutschland bestimmen und wie diese Regelungen entstanden sind. Der Schutz vor Gewässerverunreinigungen steht dabei besonders im Fokus. In vielen Bereichen sind Juristen auf die Erkenntnisse aus anderen Wissenschaften, wie der Medizin, der Psychologie, der Chemie, der Politikwissenschaft, der Soziologie, etc., angewiesen. Dies gilt besonders für den Bereich des Umweltstrafrechts. Diese Interdisziplinarität herauszuarbeiten, steht besonders im Fokus des Buches. Zu Gunsten interdisziplinärer Ansätze wurde dabei die juristische Tiefe auf das notwendige Mindestmaß beschränkt.
In den fünf Kapiteln geht es schließlich um folgende Fragestellung: Ist das deutsche Umweltstrafrecht in seiner gegenwärtigen Form ein geeignetes Mittel, um die Umwelt vor Schäden zu bewahren? Und darauf aufbauend: Welche Veränderungen müssten erfolgen? In den umfangreichen Anhängen finden sich diverse Gesetzestexte; so dass vor allem ein flüssiges Lesen ermöglicht wird.